新时代马克思主义教育理论创新与发展研究丛书

总主编 靳 诺
执行主编 翟 博 张 剑

坚持把服务中华民族伟大复兴作为教育的重要使命

刘复兴 主编

中国人民大学出版社
·北京·

编委会

总 主 编 靳 诺
执行主编 翟 博　张 剑
编委会成员（按姓氏音序排列）

蔡 春　樊 伟　冯玉军　顾昭明
胡百精　靳 诺　刘复兴　孟繁华
秦 宣　任 青　檀慧玲　唐景莉
王树荫　王庭大　吴潜涛　杨伟国
袁占亭　袁自煌　翟 博　张 剑
张晓京　郑水泉　周光礼　朱庆葆

总 序

（一）

党的十八大以来，以习近平同志为主要代表的中国共产党人高举马克思主义伟大旗帜，深入总结中国共产党成立100年来的历史经验，全面概括新中国成立70多年来我国建设社会主义的历史成就，系统汲取改革开放40多年来中国特色社会主义的理论营养，深刻揭示共产党执政规律、社会主义建设规律和人类社会发展规律，逐步发展、形成了习近平新时代中国特色社会主义思想。党的十九大把习近平新时代中国特色社会主义思想确立为我们党必须长期坚持的指导思想并庄严地写入党章。第十三届全国人民代表大会第一次会议通过宪法修正案，郑重地把习近平新时代中国特色社会主义思想载入宪法。习近平新时代中国特色社会主义思想，是新时代中国共产党的思想旗帜，是国家政治生活和社会生活的根本指针，是当代中国马克思主义、21世纪马克思主义。

教育是国之大计、党之大计。习近平总书记高度重视教育在国家发展、民族复兴、人民幸福总体战略中的基础性、全局性、先导性作用，对教育的功能、地位、方向、属性、任务、改革、科研、评价、法治、保障、队伍建设、对外开放、信息化，以及研究生教育、在教育领域加强党的全面领导等许多重大的、带有根本性的问题都作出了科学、系统的论述，对推进教育改革发展作出了一系列重大决策，对教育改革创新作出了一系列重大部署，为中国特色社会主义教育事业的发展指明了方向。

2018年9月10日，全国教育大会在北京隆重召开。习近平总书记出席会议并发表了重要讲话。面对世界百年未有之大变局，面对新时代坚持和发展什么样的中国特色社会主义、怎样坚持和发展中国特色社会主义的重大时代课题，面对中国教育改革发展新的历史起点上的新的战略抉择，他旗帜鲜明地提出了教育"九个坚持"新理念新思想新观点，即坚持党对教育事业的全面领导，坚持把立德树人作为根本任务，坚持优先发展教育事业，坚持社会主义办学方向，坚持扎根中国大地办教育，坚持以人民为中心发展教育，坚持深化教育改革创新，坚持把服务中华民族伟大复兴作为教育的重要使命，坚持把教师队伍建设作为基础工作。

教育"九个坚持"对改革开放40多年来我们党领导中国特色社会主义教育事业改革发展的成功实践作出了科学总结，系统阐述了新时代关系我国教育事业改革发展的一系列方向性、全局性、战略性问题，是新时代习近平总书记关于教育工作的最集中、最全面、最系统的重要论述，集中反映了习近平总书记关于教育的重要论述的核心思想，是新时代我国教育事业改革发展的行动指南，是新时代马克思主义教育理论的创新与发展，把我们党对中国特色社会主义教育事业本质和规律的认识提升到了新的高度，为新时代我国深入推进教育领域综合改革、加快推进教育现代化、努力建设教育强国提供了科学思想指引和强大精神动力。

教育"九个坚持"全面体现了马克思主义理论和社会主义教育的历史逻辑，紧紧围绕培养什么人、怎样培养人、为谁培养人、谁来培养人这一根本问题，深刻回答了新时代坚持和发展什么样的中国特色社会主义教育、怎样坚持和发展中国特色社会主义教育等重大课题，全面反映了社会主义教育的本质和规律。教育"九个坚持"从教育的地位和作用、人的全面发展、教育与生产劳动相结合等理论维度出发，创新发展了马克思主义教育思想，开辟了中国特色社会主义教育理论新境界。

（二）

中国人民大学是新中国成立后建立的第一所新型正规大学，在中国人文社会科学研究领域独树一帜，是中国共产党扎根中国大地创办的新型高等教育的杰出代表。我们党100年来办教育的经验表明，新中国成立70多年来教育改革发展的伟大成就表明，改革开放40多年来中国特色社会主义教育的伟大实践表明，新时代我国教育改革创新的伟大探索表明：坚持扎根中国大地办教育，必须坚持马克思主义的指导地位，努力把高校建设成为学习、研究、宣传马克思主义的坚强阵地；坚持扎根中国大地办教育，必须加强党对教育事业的全面领导，把党的教育方针全面贯彻到学校工作的各个方面；坚持扎根中国大地办教育，必须以人民为中心办教育，努力办好人民满意的教育；坚持扎根中国大地办教育，必须坚持中国特色社会主义教育发展道路，办具有中国特色、世界水平的现代教育；坚持扎根中国大地办教育，必须把立德树人作为根本任务，培养德智体美劳全面发展的社会主义建设者和接班人。

中国人民大学的教育学科有着悠久的历史传统，传承了延安时期中国共产党建设马克思主义教育学的红色基因。以吴玉章先生、成仿吾先生等为代表的中国共产党的红色教育家和教育学家是开创我们党在现代正规大学中建设教育学科事业的先驱者。1950年10月3日，以华北大学为基础合并组建的中国人民大学正式开办，设教育学教研室以及专修科教育班，在全国最早引进以马克思主义为指导的苏联教育家凯洛夫主编的《教育学》，招收了新中国第一届教育学硕士研究生。可以说，当时的中国人民大学是培养新中国马克思主义教育学家的摇篮，为新中国教育学科的建设与发展、马克思主义教育理论在中国的传播与研究作出了历史性贡献。长期以来，无论是在延安时期还是中华人民共和国成立以后，无论是在改革开放的新时期还是党的十八大以来的新时代，中国人民大学始终不忘历史，不忘初心，把继承我们党马克思主义教育学研究的历史传统、赓续红色血脉作为自己的重要使命。

在新时代，我们深入研究、学习和领会习近平总书记教育"九个坚持"新理念新思想新观点，能够更加深刻地解释并更加全面地解答新时代坚持和发展什么样的中国特色社会主义教育、怎样坚持和发展中国特色社会主义教育等重大课题，同时也能够在世界百年未有之大变局中寻找指导教育改革创新和对外开放的战略思路，推动中国特色社会主义教育"走出去"，为世界教育发展提供中国经验、中国智慧和中国方案。深入研究、学习和领会习近平总书记教育"九个坚持"新理念新思想新观点，必须把握好以下几个维度：一是历史的维度。"九个坚持"是在继承马克思主义教育思想，科学总结我国社会主义教育特别是中国特色社会主义教育改革发展历史经验的基础上提出来的，是习近平新时代中国特色社会主义思想的有机组成部分。我们要用历史的眼光来研究、学习和领会"九个坚持"。二是问题的维度。"九个坚持"从新时代我国教育的战略定位、根本任务、根本宗旨、发展道路、依靠力量、领导核心等方面，系统阐述了我国教育事业改革发展的一系列方向性、全局性、战略性问题。我们要从新时代中国特色社会主义教育改革发展的实际出发研究、学习和领会"九个坚持"。三是国际的维度。"九个坚持"从推动构建人类命运共同体和人类文明对话与互鉴的高度,充分借鉴了世界各国和国际组织先进的教育改革发展理论和经验,也为世界提供了教育改革发展的中国经验与中国方案。我们要从国际视野出发研究、学习和领会"九个坚持"。四是未来的维度。"九个坚持"面向"两个一百年"奋斗目标,立足于实现教育现代化,建设教育强国,把服务中华民族伟大复兴作为教育的重要使命。我们要从建设社会主义现代化强国的未来目标出发研究、学习和领会"九个坚持"。

(三)

"新时代马克思主义教育理论创新与发展研究丛书"正是我们深入研究、学习和领会习近平总书记教育"九个坚持"新理念新思想新观点的一套代表作品,是一套力图深刻揭示教育"九个坚持"中蕴含的习近平新时代中国特色社会主义思想基础和社会主义教育事业发展规律、反映新时代马克思主义教育理论研究新成果的丛书,是一套关于新时代中国特色社会主义教育理论的创新之作,对研究和阐释习近平总书记关于教育的重要论述和习近平新时代中国特色社会主义思想具有重要意义。该丛书可以为新时代中国特色社会主义教育改革创新提供理论参照,可以为以人民为中心发展教育、办好人民满意的教育提供理论支撑。

丛书共有九本,分别对坚持党对教育事业的全面领导、坚持把立德树人作为根本任务、坚持优先发展教育事业、坚持社会主义办学方向、坚持扎根中国大地办教育、坚持以人民为中心发展教育、坚持深化教育改革创新、坚持把服务中华民族伟大复兴作为教育的重要使命、坚持把教师队伍建设作为基础工作等"九个坚持"的核心要义的理论价值和实践意义进行了系统阐释。一是重点阐述了教育"九个坚持"的历史背景，二是系统研究、深刻理解和把握了教育"九个坚持"的科学内涵，三是概括和分析了教育"九个坚持"的历史逻辑、理论创新和时代价值，四是阐释了教育"九个坚持"对马克思主义的继承、发展与创新，五是研究和提出了贯彻落实教育"九个坚持"的手段和途径。

2021年是"十四五"规划的开局之年，是全面建设社会主义现代化国家新征程的开启之年，也恰逢中国共产党成立100周年。在这样一个特殊的历史时刻，希望"新时代马克思主义教育理论创新与发展研究丛书"的出版，能够全面总结我们党百年来的教育理论与实践经验，系统学习、研究习近平总书记关于教育的重要论述，重点展现新时代马克思主义教育理论研究的新成果，切实为支持与引领新时代我国的教育改革创新、发展新时代中国化马克思主义教育学作出新的理论贡献！

靳　诺

2021年5月12日

前 言

在全国教育大会上,习近平总书记高度总结和概括了党的十八大以来党和国家关于教育改革发展的一系列新理念新思想新观点,提出"坚持把服务中华民族伟大复兴作为教育的重要使命",将教育的地位和作用提到了一个全面的、综合的、体现新时代中国特色的新高度。

一、提出关于教育地位和作用的新论断

马克思十分重视教育。首先,马克思从教育与生产力发展、与科学技术发展的关系出发,论述了教育的重要地位和作用。马克思指出,教育会生产劳动能力,生产力中也包括科学,认为教育不仅是劳动力再生产的重要手段,还是科学知识再生产的重要手段。其次,马克思提出了人的全面而自由发展的问题。马克思指出,大工业生产需要全面而自由发展的个人"来代替只是承担一种社会局部职能的局部个人",这"为人的全面发展提供了条件",教育的本质是培养全面发展的人,教育是实现人的全面发展的重要途径。再次,马克思提出了教育与生产劳动相结合的问题,认为"生产劳动同智育和体育相结合,它不仅是提高社会生产的一种方法,而且是造就全面发展的人的唯一方法",明确了将教育与生产劳动相结合是培养全面发展的人的唯一途径。

坚持马克思主义与中国实际相结合是中国共产党的优良传统。在不断继承、丰富、发展和创新马克思主义的过程中，我们党关于教育地位和作用的认识不断深化。在坚持马克思主义基本原理、"教育必须为无产阶级政治服务"和"教育要更好地为社会主义建设服务"等教育发展根本方向的基础上，习近平总书记提出"坚持把服务中华民族伟大复兴作为教育的重要使命"，这成为新时代不断开创中国特色社会主义教育事业发展新局面的关键指引。

这一论断是对新时代中国特色社会主义教育事业发展规律的新的更高水平的认识。习近平总书记指出："教育是提高人民综合素质、促进人的全面发展的重要途径，是民族振兴、社会进步的重要基石，是对中华民族伟大复兴具有决定性意义的事业。"将服务中华民族伟大复兴作为教育的重要使命，实质上是将教育进步与社会发展、人的发展与民族复兴高度统一，蕴含了教育要紧密结合"四个伟大"、全面落实中国特色社会主义事业"五位一体"总体布局与党中央治国理政"四个全面"战略布局的重要思想，是对新时代我国教育承担的人民幸福、社会发展以及国家发展、民族复兴的历史使命的凝练概括，是对教育地位和作用更加全面的战略性认识。

二、要求教育必须全面服务于"两个一百年"奋斗目标

"为了实现中国梦，我们确立了'两个一百年'奋斗目标。"习近平总书记指出，时代越是向前，知识和人才的重要性就愈发突出，教育的地位和作用就愈发凸显。我国正处于历史上发展最好的时期，但要实现"两个一百年"奋斗目标、实现中华民族伟大复兴的中国梦，必须更加重视教育，努力培养出更多更好能够满足党、国家、人民、时代需要的人才。教育作为实现"两个一百年"奋斗目标的关键环节，必须从服务全面建成小康社会目标

做起，服务于实现社会主义现代化目标，服务于建设富强民主文明和谐美丽的社会主义现代化强国目标，服务于推动建设人类命运共同体目标，为最终实现"两个一百年"奋斗目标提供人才支撑和智力支持。

服务于全面建成小康社会目标。到2020年全面建成小康社会是"两个一百年"奋斗目标中具有奠基性意义的首要目标任务，是实现中华民族伟大复兴中国梦关键性的一步。迈向全面小康，首先要实现全面脱贫。扶贫必扶智，治贫先治愚。教育作为阻断贫困代际传递、完善自身"造血"机制的重要手段，必须充分发挥其推动缩小城乡、区域发展差距，不让一人一地掉队的重要作用。推动建成全面小康社会，还要注重解决经济社会发展的主要矛盾。我国社会主要矛盾已经转化为人民日益增长的美好生活需要和不平衡不充分的发展之间的矛盾。教育作为重要的民生工程，必须全面提升质量，保障公平，满足人民"有学上，上好学"的对美好生活的向往。全面建成小康社会的根本目的是实现人和社会的全面发展。人类社会需要通过教育不断培养社会需要的人才，需要通过教育来传授已知，更新旧知，开掘新知，探索未知，从而使人们能够更好地认识世界和改造世界，更好地创造人类的美好未来。

服务于实现社会主义现代化目标。到2035年基本实现社会主义现代化是"两个一百年"奋斗目标中承前启后的重大步骤和决胜关键。教育现代化是社会主义现代化的必然要求和重要组成部分。教育是前瞻性的社会事业，要实现社会主义现代化就必须首先实现教育现代化。教育现代化建设的核心是人的现代化和教育体系的现代化。新时代我国教育现代化建设面临着以人工智能为标志的第四次工业革命带来的巨大机遇与挑战，教育一方面要以更高水准的全球治理水平和更有担当的全球参与姿态迎接变幻莫测的科技浪潮，另一方面要以5 000多年中华文化作为历史支撑，坚守中国特色，坚持自主创新，发展具有中国特色、世界水平的现代教育。

在实践中，我们要以教育现代化支撑国家现代化，发挥教育的基础性作用，通过教育将科学技术转化为生产力，实现劳动力和科学技术的再生产，全面推动创新发展。要以信息化、法治化、国际化和终身学习为突破口，建设现代化教育体系，全面推进教育现代化进程。首先，坚持不懈推进教育信息化，努力以信息化为手段扩大优质教育资源覆盖面，逐步缩小区域、城乡数字差距，大力促进教育公平，以教育信息化推动实现教育现代化。其次，全面推进依法治教工作，牢牢抓住科学立法、教育行政执法体制改革、教育管理改革、依法治校、普法教育五个方面，建设中国特色社会主义教育法治体系，助推实现教育现代化进程。再次，抓住"一带一路"建设机遇，加强同世界各国的教育交流，扩大教育对外开放，不断推进"共商、共建、共享"的教育国际化进程，提高我国教育现代化的质量和水平。最后，适应全球化时代教育发展的大趋势，推动教育变革和创新，构建网络化、数字化、个性化、终身化的教育体系，建设"人人皆学、处处能学、时时可学"的学习型社会。

服务于建设社会主义现代化强国目标。建设富强民主文明和谐美丽的社会主义现代化强国是"两个一百年"奋斗目标的最高层次和最终归宿，也是实现中华民族伟大复兴的集中表现。实现中华民族伟大复兴，教育的地位和作用不可忽视：在政治建设方面，要通过教育提高人的思想品德，巩固和维护社会主义意识形态与发展秩序，培养德智体美劳全面发展的社会主义建设者和接班人；在经济建设方面，要通过教育培养人才，传播科学技术，实现科学技术向第一生产力转化，通过创新驱动发展，促进国民经济持续、快速、协调发展；在文化建设方面，要以教育为文化传播的重要载体，继承和发扬中华优秀传统文化，为树立文化自信提供不竭动力；在社会建设方面，要办好人民满意的教育，解决民生之本的就业问题和精准扶贫问题，维系社会和谐稳定；在生态文明建设方面，要通过教育提升人民的生态保护意识和保护生态能力，推动实现生态环境的可持续发展。因此，我们必须坚定实施科教兴国战略，深入实施人才强国战略，始终把教育摆在优先发展的战略位置，全面贯彻党的教育方针，落实立德树人根本任务。必须大力实施创新驱动发展战略，把推动发展的着力点更多放在创新上，培养创新人才，建设一支规模宏大、结构合理、素质优良的创新人才队伍。必须深化办学体制、管理体制、经费投入体制、考试招生及就业制度等方面的改革，深化学校内部管理制度、人事薪酬制度、教学管理制度等方面的改革，深化人才培养模式、教学内容及方式方法等方面的改革，努力解决教育发展不平衡不充分的问题，努力解决人民群众关心的热点问题，办好人民满意的教育。

服务于推动构建人类命运共同体的目标。推动构建人类命运共同体与实现中华民族伟大复兴的中国梦紧密相连、密切相关，是新时代中华民族伟大复兴中国梦在全球治理中的自然延伸与具体体现。人类命运共同体思想是具有中国特色的全球治理方案。在多元文化交织并存的今天，要想实现国与国之间"各美其美，美人之美，美美与共，天下大同"的美好心愿，教育发挥着至关重要的作用。"我们要积极发展教育事业，通过普及教育，启迪心智，传承知识，陶冶情操，使人们在持续的格物致知中更好认识各种文明的价值,让教育为文明传承和创造服务。"新时代,我们要抢抓"一带一路"契机,加强同世界各国的教育交流,扩大教育对外开放,积极支持发展中国家教育事业发展,不断提升以国际教育服务能力为重要组成部分的国家软实力和国际竞争力。通过开展国际理解教育、多元文化教育、和平发展教育等,在全球化背景下进一步树立起超越民族国家的全球责任和团结意识,以教育为培养合作共赢精神的重要手段,向世界教育发展提供中国方案。

三、指出教育要培养担当民族复兴大任的时代新人

习近平总书记指出,我们必须培养一代又一代拥护中国共产党领导和我国社会主义制度、立志为中国特色社会主义事业奋斗终身的有用人才。这是教育工作的根本任务,也是教育现代化的方向目标。

党的十八大特别是党的十九大以来,党和国家从多个维度对人才培养标准提出了新的要求:一是把立德树人作为教育的根本任务;二是把创新能力作为我国人才培养的关键能力;三是提出教育要"为人民服务,为中国共产党治国理政服务,为巩固和发展中国特色社会主义制度服务,为改革开放和社会主义现代化建设服务";四是提出"培养担当民族复兴大任的时代新人"的重大命题,强调把担当精神与社会责任感作为人才培养的必备品格;五是将劳动教育作为人才培养的基本内容和根本途径。人才培养的新标准、新要求突出了社会主义核心价值观的引领作用以及培养社会责任感与担当精神的重要意义,突出了人才培养的社会主义方向,回应了"培养什么样的人,如何培养人,为谁培养人"这一根本问题。这一系列新的人才培养标准的提出创新和发展了马克思主义关于人才培养的思想,是新时代教育履行自身重要使

命的出发点。

新时代，教育要以培养德智体美劳全面发展的社会主义建设者和接班人为根本使命，以培养学生必备品格和关键能力为出发点，以社会主义核心价值观统领课程改革、人才培养模式改革、课堂教学改革和考试评价改革，建立科学的、现代化的学科体系、教材体系、教学体系、管理体系，构建德智体美劳全面培养的教育体系，形成更高水平的人才培养体系。

形成更高水平的人才培养体系，要在坚定理想信念上下功夫，教育引导学生树立共产主义远大理想和中国特色社会主义共同理想，增强学生的中国特色社会主义道路自信、理论自信、制度自信、文化自信，立志肩负起民族复兴的时代重任。要在厚植爱国主义情怀上下功夫，让爱国主义精神在学生心中牢牢扎根，教育引导学生热爱和拥护中国共产党，立志听党话、跟党走，立志扎根人民、奉献国家。要在加强品德修养上下功夫，教育引导学生培育和践行社会主义核心价值观，踏踏实实修好品德，成为有大爱、大德、大情怀的人。要在增长知识见识上下功夫，教育引导学生珍惜学习时光，心无旁骛求知问学，增长见识，丰富学识，沿着求真理、悟道理、明事理的方向前进。要在培养奋斗精神上下功夫，教育引导学生树立高远志向，培养敢于担当、不懈奋斗的精神，具有勇于奋斗的精神状态、乐观向上的人生态度，做到刚健有为、自强不息。要在增强综合素质上下功夫，教育引导学生培养综合能力，培养创新思维。同时要树立健康第一的教育理念，帮助学生强身健体、享受运动。要全面加强和改进学校美育，以文化人，以美育人，坚定文化自信。要弘扬劳动精神，教育引导学生崇尚劳动、尊重劳动。

目　录

新时代中国特色社会主义教育的新使命 …………… 001
 一、实现中华民族的伟大复兴是"两个一百年"
  奋斗目标的核心要义 ………………………… 002
 二、马克思主义关于教育地位和作用的创新与发展 …… 005
 三、教育要服务于"两个一百年"奋斗目标 ………… 011

教育是国之大计、党之大计 …………………………… 019
 一、教育对实现中华民族伟大复兴具有决定性意义 …… 020
 二、新时代坚持中国特色社会主义发展道路必须把
  人才作为第一资源 …………………………… 027
 三、教育是具有基础性、全局性、先导性的
  社会主义事业 ………………………………… 035
 四、始终把教育放在优先发展的战略地位 ………… 044

实现中华民族伟大复兴的中国梦，归根结底
靠人才、靠教育 ………………………………………… 057
 一、实现中华民族伟大复兴的中国梦，教育是基础，
  人才是关键 …………………………………… 058
 二、培养中国特色社会主义事业建设者和接班人 …… 065

教育要培养担当民族复兴大任的时代新人 …………… 079
　　一、培养时代新人的必要性和意义 ………………… 080
　　二、时代新人的内涵与核心素养 …………………… 090
　　三、培养担当民族复兴大任的时代新人 …………… 097

建设高质量教育体系 …………………………………… 107
　　一、建设高质量教育体系是新时代教育改革
　　　　创新的必然要求 ………………………………… 108
　　二、全面把握新时代"建设高质量教育
　　　　体系"的内涵 …………………………………… 114
　　三、建设高质量教育体系的重点任务 ……………… 120
　　四、深化新时代教育评价改革，推动建设
　　　　高质量教育体系 ………………………………… 134
　　五、建设扎根中国大地的高质量教育体系 ………… 137
　　六、构建德智体美劳全面培养的教育体系 ………… 140

实现教育现代化，建设教育强国 ……………………… 159
　　一、推进教育治理体系和治理能力现代化 ………… 160
　　二、新时代必须坚持中国特色社会主义教育发展道路 … 177
　　三、坚持党对教育事业领导的全面性、系统性、整体性 … 192

参考文献 …………………………………………………… 205
后记 ………………………………………………………… 214

新时代中国特色社会主义教育的新使命

"坚持把服务中华民族伟大复兴作为教育的重要使命"是新时代党和国家对教育使命的新论断。这一论断要求教育立足于新时代的历史方位，坚持马克思主义指导地位，发挥教育在服务"两个一百年"奋斗目标中的地位和作用，支撑和服务全面实现中华民族的伟大复兴。

一、实现中华民族的伟大复兴是"两个一百年"奋斗目标的核心要义

（一）实现中华民族伟大复兴是"两个一百年"奋斗目标的核心

实现中华民族伟大复兴是近代以来中华民族最伟大的梦想，是关于中国梦的具体定义。要实现这一伟大梦想，必须进行伟大斗争，必须建设伟大工程，必须推进伟大事业。教育作为对中华民族伟大复兴具有决定性意义的事业，肩负着实现伟大梦想的历史使命；作为巩固和发展社会主义制度的重要战线，需要保持进行伟大斗争的精神状态；作为始终坚持正确政治方向的精神保障，必须毫不动摇地推进党政建设的伟大工程[①]。按照马克思主义基本原理，当代中国教育必须与"四个伟大"紧密结合，以教育改革发展为基础，推进伟大工程，结合伟大斗争、伟大事业、伟大梦想的实践，为中华民族的伟大复兴奠定基础。

---

① 韩庆祥，张艳涛. 论"四个伟大"[J]. 中国特色社会主义研究，2017（4）：5-10.

"为了实现中国梦,我们确立了'两个一百年'奋斗目标"①,"两个一百年"奋斗目标是实现中华民族伟大复兴梦想的具体表现形式,是"四个伟大"的核心内容。在庆祝中华人民共和国成立60周年大会上,胡锦涛提出"到我们党成立一百年时建成惠及十几亿人口的更高水平的小康社会,到新中国成立100年时基本实现现代化,建成富强民主文明和谐的社会主义现代化国家"②。党的十九大报告结合国内外发展形势和我国发展条件,进一步针对全面建成小康社会决胜期以及"两个一百年"奋斗目标历史交汇期的时代现状,将"两个一百年"奋斗目标升级。"两个一百年"奋斗目标细化为两个阶段,第一个阶段,从二〇二〇年到二〇三五年,在全面建成小康社会的基础上,再奋斗十五年,基本实现社会主义现代化,第二个阶段,从二〇三五年到本世纪中叶,在基本实现现代化的基础上,再奋斗十五年,把我国建成富强民主文明和谐美丽的社会主义现代化强国③。

(二)教育是实现"两个一百年"奋斗目标的关键环节

习近平总书记指出:"时代越是向前,知识和人才的重要性就愈发突出,教育的地位和作用就愈发凸显。我国正处于历史上发展最好的时期,但要实现'两个一百年'奋斗目标、实现中华民族伟大复兴的中国梦,必须更加重视教育,努力培养出更多更好能够满足党、国家、人民、时代需要的人才。"④ 教育要明确中国

---

① 习近平. 在中法建交五十周年纪念大会上的讲话 [N]. 人民日报,2014-03-29(2).
② 胡锦涛. 在庆祝中华人民共和国成立60周年大会上的讲话 [M]. 北京:人民出版社,2009:10.
③ 习近平. 决胜全面建成小康社会 夺取新时代中国特色社会主义伟大胜利:在中国共产党第十九次全国代表大会上的报告 [M]. 北京:人民出版社,2017.
④ 中共中央文献研究室. 习近平关于社会主义社会建设论述摘编 [M]. 北京:中央文献出版社,2017:58.

特色社会主义发展道路的改革路径和发展方向，努力实现中华民族伟大复兴中国梦所赋予的使命任务，紧密结合中国特色社会主义新时代发展的步骤阶段，科学把握建设社会主义现代化强国的时间节点和总体目标。教育作为实现"两个一百年"奋斗目标的关键环节，必须从服务全面建成小康社会目标做起，必须与"四个伟大"紧密结合全面服务于社会主义现代化目标，全面服务于建设富强民主文明和谐美丽的社会主义现代化强国目标，全面服务于推动构建人类命运共同体，为最终实现"两个一百年"奋斗目标提供人才支撑和智力支持。

教育应立足于新时代的历史方位担负新使命。党的十九大报告指出，"经过长期努力，中国特色社会主义进入了新时代，这是我国发展新的历史方位"①，"这个新时代，是承前启后、继往开来、在新的历史条件下继续夺取中国特色社会主义伟大胜利的时代，是决胜全面建成小康社会、进而全面建设社会主义现代化强国的时代，是全国各族人民团结奋斗、不断创造美好生活、逐步实现全体人民共同富裕的时代，是全体中华儿女勠力同心、奋力实现中华民族伟大复兴中国梦的时代，是我国日益走近世界舞台中央、不断为人类作出更大贡献的时代"②。在新时代这一历史方位中，中国梦是其重要的目标定位。习近平总书记明确指出："现在，大家都在讨论中国梦，我以为，实现中华民族伟大复兴，就是中华民族近代以来最伟大的梦想。"③

实现中华民族伟大复兴中国梦的宏伟设想与"两个一百年"奋斗目标，是时代赋予教育的使命与责任。如果说"两个一百年"

---

①②习近平.决胜全面建成小康社会 夺取新时代中国特色社会主义伟大胜利：在中国共产党第十九次全国代表大会上的报告[M].北京：人民出版社，2017：10.
③ 习近平.习近平谈治国理政[M].北京：外文出版社，2014：425.

奋斗目标和实现中华民族伟大复兴中国梦是一个宏大愿景，那么教育梦就是构成宏大愿景至关重要的组成部分。新的历史征程是教育实现百年愿景、助推中国梦最为重要的阶段。教育发展应立足于新时代这一历史方位，服务于"两个一百年"奋斗目标，担负起推动实现中华民族伟大复兴中国梦的神圣使命。

二、马克思主义关于教育地位和作用的创新与发展

（一）马克思主义历来重视教育在社会发展和人的发展中的地位和作用

马克思十分重视教育。首先，马克思从教育与生产力发展、教育与科学技术发展的关系出发，系统论述了教育的重要地位和作用。马克思指出"教育会生产劳动能力"，认为"为改变一般人的本性，使它获得一定劳动部门的技能和技巧，成为发达的和专门的劳动力，就要有一定的教育或训练"，即教育可以通过培养具有一定知识和能力的人，将一般的、较低水平的、简单的劳动力转化为专门的、较高水平的、复杂的劳动力。同时，马克思指出"生产力中也包括科学"，而且"对脑力劳动的产物——科学——的估价，总是比它的价值低得多，因为再生产科学所必要的劳动时间，同最初生产科学所需要的劳动时间是无法相比的，例如学生在一小时内就能学会二项式定理"，即教育不仅是劳动力再生产的重要手段，还是科学知识再生产的重要手段，教育能够帮助生产者掌握知识技能，实现科学知识向直接生产力、现实生产力的转化。教育一方面能够提高社会生产力，另一方面能够改进科学技术，对推动社会进步和发展有着重要的作用。其次，马克思提

出了人的全面发展问题。马克思反对旧唯物论者的"环境决定论"和"教育万能论",认为"人的全部发展都取决于教育和外部环境",人的发展既受到环境的制约,也受到教育的影响,而在这之中,由于教育受到社会环境的影响,反映了社会环境的要求,因此教育对人的发展起决定作用。针对资本主义不合理的社会分工造成的人的片面发展的现象,马克思指出,大工业机器生产需要全面发展的个人,来代替只是承担一种社会局部职能的局部个人,要求人的全面发展,同时也为人的全面发展提供了条件。社会主义社会中,教育的本质是培养全面发展的人,教育是实现人的全面发展的重要途径。最后,马克思提出了教育与生产劳动相结合的问题。马克思认为,资本主义制度下的机器生产和社会分工造成了智力劳动与体力劳动的割裂和分离,在社会主义背景下,人要实现全面的发展,必须实现智力与体力相结合,其唯一的途径就是教育与生产劳动相结合,"教育将使他们摆脱现在这种分工给每个人造成的片面性"。正如马克思自己所论述的:"未来教育对所有已满一定年龄的儿童来说,就是生产劳动同智育和体育相结合,它不仅是提高社会生产的一种方法,而且是造就全面发展的人的唯一方法。"这一论述进一步明确了将教育与生产劳动相结合是培养全面发展的人的唯一途径。

始终坚持马克思主义与中国实际相结合是中国共产党历来的优良传统。在不断丰富、发展和创新马克思主义,实现马克思主义中国化的过程中,我们党关于教育的地位和作用的认识不断发展与深化。以毛泽东同志为主要代表的中国共产党人,把马克思列宁主义基本原理同中国的社会实际相结合,深入思考关于中国教育发展的许多重大问题,探索符合中国国情的教育发展路径,在实践中不断完善,逐渐形成了具有鲜明中国特色和时代特色的教育思想，其教育思想内涵丰富，具有政治性、自主性、实践性、大众性等鲜明特点。毛泽东在马克思主义教育基本原理的基础上，提出"教育必须为无产阶级政治服务，必须同生产劳动相结合"，并将这一思想作为党的教育工作方针，认为社会活动中的主要内容就是人们对于各种物质资料的生产与利用的多种多样的劳动，所以教育要服务于社会的各种活动。这一论断反映了教育要与社会相结合、相联系的思路，强调了教育必须反映社会政治和经济发展的趋势，满足政治和经济发展的需求。同时，毛泽东认为，教育作为一种培养人的社会活动，人们生产劳动中所需要的知识与技能都离不开教育，教育要与生产劳动紧密结合，服务于社会，与社会的实践活动相联系，要培养"在德育、智育、体育几方面都得到发展"的劳动者，只有这样才能有效地提高教育质量和发挥教育的作用。此外，毛泽东还继承和发展了马克思主义关于加强思想政治教育、加强党对教育事业的领导等重大教育问题的论述，进一步深化并突出了教育对社会发展的重要地位和作用。

邓小平理论与马克思列宁主义、毛泽东思想一脉相承。邓小平说："我们国家，国力的强弱，经济发展后劲的大小，越来越取决于劳动者的素质，取决于知识分子的数量和质量。一个十亿人口的大国，教育搞上去了，人才资源的巨大优势是任何国家比不了的。有了人才优势，再加上先进的社会主义制度，我们的目标就有把握达到。"基于对我国基本国情的这一正确判断，邓小平将教育置于提高劳动者素质、变人口资源为人力资源的战略高度，提出有关把教育事业摆在优先发展的战略地位、"教育要更好地为社会主义建设服务"等一系列重要论述，例如"社会主义的根本任务是发展社会生产力""科学技术是第一生产力""科学技术人才的培养，基础在教育"等。这集中体现了邓小平对教育在社会主义现代化建设中的地位和作用的深邃思考，也集中体现了邓小平对马克思主义教育理论的重大创新。邓小平多次强调指出，实现现代化，要发展经济，首先要发展教育。他指出"不抓科学、教育，四个现代化就没有希望，就成为一句空话"，这一论断着眼于现代化建设的全局，站在现代化的未来总目标的高度，抓住未来与当前的联系，从以经济建设为中心的社会主义建设的各个方面、发展的各个阶段的全面联系中，揭示出教育是有关现代化全局的重要环节，是有决定意义的一招。

（二）坚持把服务中华民族伟大复兴作为教育的重要使命是马克思主义关于教育地位和作用的新论断

1. 这一论断是把马克思主义基本原理与新时代中国教育实践相结合的一个重要的新成果

把马克思主义基本原理与中国具体实际结合起来，推进实践基础上的理论创新，是马克思主义具有蓬勃生命力的关键所在，是我们党坚持先进性、增强创造力的决定因素。马克思主义关于教育地位和作用的论述需要与时俱进，不断结合我国教育实践，开辟新的发展境界。

马克思主义关于教育与政治的关系的观点指出，"当无产阶级革命胜利，建立人民民主的政权之后，教育是无产阶级和广大人民群众用来改造旧社会，巩固和发展社会主义制度的重要战线"。"工人阶级最有教养的一部分完全了解，他们阶级的未来，也就是人类的未来，完全取决于正在成长的工人一代的教育。"教育虽然不能直接成为生产力，但是教育通过培养具有一定知识和能力的人，可以为提高社会科技生产力起到重要的推进作用，是社会发展必须重视的重要方面。

毛泽东在关于教育与社会其他方面关系的论述上，发展了马克思主义关于教育是一种社会形态的观念，认为教育不仅是一种社会现象，而且是一种观念形态的文化现象。结合中国教育实际，毛泽东认为"一定的文化是一定社会的政治和经济的反映，又给予伟大影响和作用于一定社会的政治和经济"，因此，教育必须要反映社会政治和经济发展的趋势，满足政治和经济发展的需求。同时，毛泽东继承了马克思主义教育与生产劳动相结合的观点，发展出一套在社会主义中国实践教育与生产劳动相结合的制度，包括教学内容反映生产实际、引导知识分子与工农群众相结合等。在人才培养的问题上，毛泽东着重强调：不论是知识分子，还是青年学生，都应该努力学习，在思想政治上要有进步，要求受教育者在德育、智育、体育几方面都有所发展，成为有社会主义觉悟的有文化的劳动者。

邓小平理论继承了马克思主义关于教育的思想，提出"教育要更好地为社会主义建设服务"，并把发展生产力，提高劳动者文化科学素质同重视教育的作用结合起来。邓小平针对人与生产力、科学技术与教育的关系，提出"科学技术是第一生产力""科学技术人才的培养，基础在教育"等论断，认为"马克思主义最注重发展生产力"，"生产力的基本要素是生产资料和劳动力，人是生产力中最活跃的因素。这里所讲的人是指有一定的科学知识、生产经验和劳动技能来使用工具，实现物质资料生产的人"，肯定了教育在社会各方面发展中的优先地位和重要作用，强调了教育劳动者在发展社会主义生产力中的决定性作用。针对我国社会主义初级阶段基本国情，邓小平具体提出了教育要面向现代化、面向世界、面向未来的"三个面向"，赋予了教育充分发挥活力的全新生命力，成为指导我国教育尽快摆脱落后状态的重要力量，使我国教育事业开启现代化、国际化、前瞻性的崭新征程。针对人才培养问题，具体提出培养"有理想、有道德、有文化、有纪律"的"四有"新人这一教育目标，旨在提高整个中华民族的思想道德素质和科学文化素质，满足社会主义现代化建设的需要，满足社会主义制度的本质要求，服务于我国社会主义现代化建设的全局。这些论断进一步明确了教育的历史使命和时代任务，对指引我国教育事业发展具有重要的历史意义和关键作用。

新时代，习近平总书记提出了"坚持把服务中华民族伟大复兴作为教育的重要使命"这一关于教育地位和作用的新论断，赋予了教育使命问题在新时代新的内涵，强调教育要服务于实现中华民族伟大复兴的中国梦这一新时代最具本质性、最具中国特色、最贴近中国实际的历史任务。这一论断不仅体现了将马克思主义基本原理同中国实践相结合的理论品质和根本要求，更成为新时代在实践中不断开创中国特色社会主义教育事业发展新局面、坚持走中国特色社会主义教育发展道路的实际需要与关键指引。

2. 这一论断是对新时代中国特色社会主义教育事业发展规律的新的更高水平的认识

新中国成立以来，党和国家不断认识和总结中国特色社会主义教育事业的发展规律，开辟了具有中国特色的社会主义教育发展道路。

中国特色社会主义进入新时代，教育的地位和作用也愈来愈突出。习近平总书记指出"教育是提高人民综合素质、促进人的全面发展的重要途径，是民族振兴、社会进步的重要基石，是对中华民族伟大复兴具有决定性意义的事业"。教育强则中国强，教育在提升劳动力素质、实现科学技术转化、坚持政治方向与党中央保持高度一致、推动社会主义建设方面都有着至关重要的作用。

坚持把服务中华民族伟大复兴作为教育的重要使命，实质上是将人的发展、社会发展与教育发展三者深度结合，将教育进步与社会发展、人的发展与民族复兴高度统一，反映了新时代中国特色社会主义教育事业的重要特点，蕴含了教育要紧密结合"四个伟大"、全面落实中国特色社会主义事业"五位一体"总体布局与党中央治国理政"四个全面"战略布局的重要思想，具体服务于"两个一百年"奋斗目标，是对新时代我国教育承担的人民幸福、国家富强、民族复兴的历史使命的凝练总结，是对新时代中国特色社会主义教育事业发展规律的更高水平的总结，也是对教育的重要地位和作用更加全面、综合的战略性认识。

三、教育要服务于"两个一百年"奋斗目标

教育是实现"两个一百年"奋斗目标的关键环节，习近平总书记指出："时代越是向前，知识和人才的重要性就愈发突出，教育的地位和作用就愈发凸显。我国正处于历史上发展最好的时期，但要实现'两个一百年'奋斗目标、实现中华民族伟大复兴的中国梦，必须更加重视教育，努力培养出更多更好能够满足党、国家、人民、时代需要的人才。"[①] 教育要明确中国特色社会主义发展道路的改革路径和发展方向，努力实现中华民族伟大复兴中国梦所赋予的使命任务，紧密结合中国特色社会主义新时代发展的步骤阶段，科学把握建设社会主义现代化强国的时间节点和总体目标。教育作为实现"两个一百年"奋斗目标的关键环节，必须从服务于全面建成小康社会目标做起，全面服务于实现社会主义

---

① 中共中央文献研究室. 习近平关于社会主义社会建设论述摘编[M]. 北京：中央文献出版社，2017：58.

现代化目标，全面服务于建设富强民主文明和谐美丽的社会主义现代化强国目标，全面服务于推动构建人类命运共同体，为最终实现"两个一百年"奋斗目标提供人才支撑和智力支持。

（一）服务于全面建成小康社会目标

到2020年全面建成小康社会是"两个一百年"奋斗目标中具有奠基性的首要目标任务，是"四个全面"战略布局中具有统领性的首要战略目标，是实现中华民族伟大复兴中国梦具有关键性的首要一步。

迈向全面小康，首先要实现全面脱贫。"扶贫必扶智，让贫困地区的孩子们接受良好教育，是扶贫开发的重要任务。"① 教育作为阻断贫困代际传递，帮助扶贫对象完善"造血"机制的重要手段，在全面建成小康社会的攻坚时期，必须充分发挥自身作用，进一步推动缩小城乡、区域发展差距，不让一人一地掉队。其次，推动建成全面小康社会，要注重解决经济社会发展的主要矛盾。党的十九大报告指出，中国特色社会主义进入新时代，我国社会主要矛盾已经转化为人民日益增长的美好生活需要和不平衡不充分的发展之间的矛盾。教育作为重要的民生工程，是亟待发展以适应人民美好生活愿望的关键领域，必须全面提升教育质量，保障教育公平，办人民满意的教育，进一步满足人民"有学上，上好学"的美好生活向往。再次，全面建成小康社会不仅仅是政治、经济、文化建设的发展，其根本目的是人和社会的全面发展，"人类社会需要通过教育不断培养社会需要的人才，需要通过教育来传授已知、更新旧知、开掘新知、探索未知，从而使人们能够更

---

① 习近平. 携手消除贫困　促进共同发展：在2015减贫与发展高层论坛的主旨演讲 [M]. 北京：人民出版社，2015：7.

好认识世界和改造世界、更好创造人类的美好未来"①。最后，在全面建成小康社会的目标基本实现的基础上，教育要成为推动乡村振兴的核心力量。

（二）服务于实现社会主义现代化目标

党的十九大报告中提出到2035年基本实现社会主义现代化的目标，是"两个一百年"奋斗目标中承前启后的重大步骤和决胜关键。教育现代化是社会主义现代化的重要组成部分，是社会主义现代化的必然要求。教育是前瞻性的社会事业，要实现社会主义现代化就必须首先实现教育现代化。

首先，教育现代化建设的核心是人的现代化和教育体系的现代化。从人才培养的角度讲，教育要努力构建德智体美劳全面培养的教育体系，形成更高水平的人才培养体系。从评价标准的角度讲，教育要把立德树人作为教育的根本任务，重视学生综合素质发展，培养学生必备品格和关键能力，建立新的人才培养标准体系。从体系建设的角度讲，教育要不断培养全体人民自主学习、终身学习的观念意识，完善并建设相互关联的终身学习制度，建立终身教育和学习社会体系。

其次，新时代我国教育现代化建设面临着以人工智能为标志的第四次工业革命带来的巨大机遇与挑战，教育一方面要建立更深层次创新发展、更广范围协同进步、更灵活应对时代变化的教育体系，以更高水准的全球治理水平和更有担当的全球参与姿态迎接变幻莫测的科技浪潮；另一方面要以5 000多年中华文化作为体系的背景支撑，坚守中国特色，坚持自主创新，建设具有中

---

① 中共中央文献研究室. 习近平关于社会主义社会建设论述摘编［M］. 北京：中央文献出版社，2017：47.

国特色、世界水平的现代教育。在我国独特的历史、文化、国情、优势制度的背景之下,从我国历史和现实出发,走具有中国特色的教育现代化之路。这不仅是实现"国家文化软实力显著增强,中华文化影响更加广泛深入"①的社会主义现代化的必然选择,更是保证教育的社会主义办学方向、坚持中国特色文化土壤的必然要求。

最后,教育现代化需要新的参照系。我国教育现代化发展经历了初期的跟随式发展,已经逐渐缩短了与世界先进国家水平的差距,在面临我国新时代发展所带来的新挑战时,必须坚持自主创新,把握大势、抢占先机,直面问题、迎难而上,瞄准世界科技前沿,引领科技发展方向,肩负起历史赋予的重任,以世界科技前沿、经济主战场、国家重大需求为新的参照系,寻找和开辟一条具有中国特色的教育现代化发展道路。

(三)服务于建设社会主义现代化强国目标

到21世纪中叶建成富强民主文明和谐美丽的社会主义现代化强国是"两个一百年"奋斗目标的最高层次和最终归宿,也是实现中华民族伟大复兴中国梦的最集中表现。建设社会主义现代化强国要求以"五位一体"为总体布局,以经济、政治、文化、社会、生态文明的全面建设为具体内容,以"综合国力和国际影响力领先"为重要标志,以"我国人民将享有更加幸福安康的生活"为宗旨、本质,最终实现中华民族"以更加昂扬的姿态屹立于世

---

① 习近平.决胜全面建成小康社会 夺取新时代中国特色社会主义伟大胜利:在中国共产党第十九次全国代表大会上的报告[M].北京:人民出版社,2017:28.

界民族之林"①的伟大梦想。教育强则国家强,实现中华民族伟大复兴,教育的地位和作用不可忽视,建设教育强国是中华民族伟大复兴的基础工程,建设教育强国是教育服务于建设社会主义现代化强国的重要使命,是开启我国教育事业改革发展新局面的重要体现。

建设社会主义现代化强国,要充分发挥教育在"五位一体"总体布局中的重要作用。在政治建设方面,中国人民具有伟大的创造精神、奋斗精神、团结精神、梦想精神,这种伟大精神是一代又一代中华儿女创造和积淀出来的,也需要代代传承下去。教育用马克思主义中国化的最新成果武装头脑,传承精神,提高人的思想品德,巩固和维护社会主义意识形态与发展秩序,培养社会主义的建设者和接班人,实现国家的安定团结。在经济建设方面,教育会生产劳动能力,科学技术人才的培养,基础在教育,通过教育培养人才,传播科学技术,从技术到能力,从意识到现实,实现科学技术向第一生产力的转化。生产力为经济制度所服务,与经济建设相呼应,通过创新驱动发展,促进经济领域的持续、快速、高效、协调发展。在文化建设方面,文化自信的提升有赖于人的文化素质的整体性提高,人的文化素质的提升则有赖于教育水平和教育质量的整体性提高,教育作为文化传播的重要载体,继承并发扬中华优秀传统文化,为树立文化自信提供不竭动力。在社会建设方面,党的十八大将教育放在了改善民生和加强社会建设之首,办好人民满意的教育本身就是最大的民生工程,同时教育又能帮助解决就业这一民生之本问题,兼具实现精准扶贫、阻断贫困代际传递的重要作用,是加强社会建设、维系社会

---

① 习近平. 决胜全面建成小康社会 夺取新时代中国特色社会主义伟大胜利:在中国共产党第十九次全国代表大会上的报告[M]. 北京:人民出版社,2017:29.

和谐稳定的重要纽带。在生态文明建设方面，教育不仅能够提升人们的生态保护意识，同时还能通过传播环保知识提升人们的生态保护能力，推动实现生态环境的可持续发展。

（四）服务于推动构建人类命运共同体

党的十八大以来，习近平总书记多次提出"推动构建人类命运共同体"理念并不断完善，提倡"构建人类命运共同体，建设持久和平、普遍安全、共同繁荣、开放包容、清洁美丽的世界"。推动构建人类命运共同体与中华民族伟大复兴的中国梦紧密相连，是新时代中华民族伟大复兴的中国梦在全球治理中的自然延伸与具体体现。"中国共产党所做的一切，就是为中国人民谋幸福、为中华民族谋复兴、为人类谋和平与发展。我们要把自己的事情做好，这本身就是对构建人类命运共同体的贡献。我们也要通过推动中国发展给世界创造更多机遇，通过深化自身实践探索人类社会发展规律并同世界各国分享。"[1] 教育作为实现中华民族伟大复兴中国梦的基础性工程，必须承担起推动构建人类命运共同体的使命和任务。

推动构建人类命运共同体是具有中国特色的全球治理方案，推动构建人类命运共同体的核心是合作共赢，在多元文化交织并存的今天，要想实现国与国之间"各美其美，美人之美，美美与共，天下大同"[2] 的美好心愿，实现全世界人类的命运共同体，教育发挥着至关重要的作用。一方面，通过普及教育，启迪心智，

---

[1] 习近平. 携手建设更加美好的世界：在中国共产党与世界政党高层对话会上的主旨讲话[M]. 北京：人民出版社，2017：8.

[2] 1990年12月，费孝通在"东亚社会研究国际研讨会"做"人的研究在中国：个人的经历"主题演讲时提出。

传承知识，陶冶情操，使人们在持续的格物致知中更好认识各种文明的价值，让教育为文明传承和创造服务。教育作为传播文化、思想、价值观念的载体，能够潜移默化地培养求同存异的合作共赢精神，将人类命运共同体思想融入各国文化之中，实现各国谋求本国发展的同时兼顾他国合理关切。另一方面，人类命运共同体理论作为中国智慧的重要体现，在教育事业的不断探索和实践中，能够不断形成中国经验，"为世界和平与发展不断贡献中国智慧、中国方案、中国力量"。

教育是国之大计、党之大计

一、教育对实现中华民族伟大复兴具有决定性意义

党的十九大报告指出,"从现在到二〇二〇年,是全面建成小康社会决胜期","从二〇二〇年到二〇三五年,在全面建成小康社会的基础上,再奋斗十五年,基本实现社会主义现代化","从二〇三五年到本世纪中叶,在基本实现现代化的基础上,再奋斗十五年,把我国建成富强民主文明和谐美丽的社会主义现代化强国"。"两个一百年"奋斗目标的本质要义是实现中华民族伟大复兴。实现这一奋斗目标,归根到底靠人才、靠教育。

教育是中国特色社会主义现代化建设的基础和关键,是民族振兴的抓手,要实现社会主义现代化,必须首先重视教育的重要地位和作用。教育优先发展,就是要"重视教育在经济发展中的推动和促进作用"①,在进行国家发展战略选择和制度安排时,始终把教育摆在优先发展的位置。人是推动人类社会进步和国家强盛的重要力量,有一流的教育,才能培养出一流的人才,建设起一流的国家。"教育兴则民族兴,教育强则国家强",教育是民族振兴、社会进步的重要基石,是功在当代、利在千秋的德政工程,坚持教育优先发展,对提高人民综合素质、促进人的全面发展、增强中华民族创新创造活力、实现中华民族伟大复兴具有决定性意义。建设教育强国是中华民族伟大复兴的基础工程,必须把教

---

① 孙宵兵.推进教育优先发展政策与制度建设研究[M].北京:教育科学出版社,2010:4.

育事业放在优先位置，深化教育改革，加快教育现代化，办好人民满意的教育。

2018年9月10日，习近平总书记在全国教育大会上提出了教育"九个坚持"新理念新思想新观点，深刻回答了新时代如何坚持走中国特色社会主义教育发展道路的根本问题。面对世界百年未有之大变局，面对新时代坚持和发展什么样的中国特色社会主义教育、怎样坚持和发展中国特色社会主义教育，面对中国教育改革发展在新的历史起点的战略抉择，党的十九大和全国教育大会把教育的地位和作用提到前所未有的高度。

（一）实现社会主义现代化必须首先实现教育现代化

1. 教育现代化是我国建成社会主义现代化强国的先手棋

党的十八届三中全会提出，全面深化改革的总目标是完善和发展中国特色社会主义制度，推进国家治理体系和治理能力现代化。教育现代化作为国家现代化的基石，在国家治理体系现代化中具有重要的地位和作用。1983年，邓小平提出"三个面向"，教育现代化首次出现在公共政策话语中。《国家中长期教育改革和发展规划纲要（2010—2020年）》，把2020年我国教育发展的首要战略目标确定为"基本实现教育现代化"。教育现代化是与教育形态的变迁相伴的教育现代性不断增长和实现的过程[①]，现代教育或教育现代化的目标，是促进人的发展与社会的发展，实现人的现代化和社会的现代化。

实现教育现代化是我国建成社会主义现代化强国的先手棋，是我国现代化建设战略目标的重要组成部分。1983年，邓小平提

---

① 褚宏启. 教育现代化的本质与评价：我们需要什么样的教育现代化[J]. 教育研究，2013(11)：4-10.

出"三个面向",开启了教育现代化的历史征程;2010年,《国家中长期教育改革和发展规划纲要(2010—2020年)》提出了"2020年基本实现教育现代化"的目标;党的十九大报告突出强调"加快教育现代化,办好人民满意的教育",为新时代教育现代化的新征程指明了方向;2019年2月中共中央、国务院印发《中国教育现代化2035》,定位于全局性、战略性、指导性,从"两个一百年"奋斗目标和国家现代化全局出发,在总结改革开放以来特别是党的十八大以来教育改革发展成就和经验基础上,面向未来描绘教育发展图景,系统勾画了我国教育现代化的战略愿景,明确教育现代化的战略目标、战略任务和实施路径。《中国教育现代化2035》是新时代推进教育现代化、建设教育强国的纲领性文件,是贯彻党的十九大精神和全国教育大会精神、加快教育现代化的重要举措。

2. 教育现代化的核心是人的现代化

教育现代化(modernization of education)是指教育发展和改革的一种目标和实践:使教育适应现代的发展,反映并满足现代生产、科学文化发展需要,达到现代社会发展所要求的先进水平。教育现代化的基本内容包括:(1)教育观的现代化。在社会上,特别在教育工作者中树立符合时代潮流的教育价值观、质量观、人才观、学生观、教学观等,以奠定教育现代化的思想基础。(2)教育目标的现代化。使年轻一代乃至整个社会成员,都具备做一个现代人所应有的素质。(3)教育体制的现代化。建立包括青少年儿童教育和成人教育在内的多类型、多层次、多规格的教育机构,满足社会各方面对教育的要求,培训各种人才,充分发挥现代教育的社会功能。(4)教育内容的现代化。教育内容反映现代科学技术和各门学科发展的最新成果,不断改进教材及体系,提高教育质量。(5) 教学手段和方法的现代化。充分利用现代视听工具和信息传播工具进行教育和教学，扩大教学范围，提高教学效率。(6) 教育理论和教育研究方法的现代化。通过科学研究与实验，揭示现代教育、教学规律，形成现代教育的科学理论，以推进教育和教学实践。

从中共中央、国务院发布的《中国教育现代化2035》中2035年教育现代化的总体目标和方向来看，教育的现代化可分为三大板块：一是致力于"建成服务全民终身学习的现代教育体系"，发挥统领作用。二是涵盖国民教育体系各个关键阶段。三是着眼于"形成全社会共同参与的教育治理新格局"，多措并举夯实教育现代化的制度基础。我国教育现代化的本质特征是中国特色社会主义教育制度下的现代化，包括教育思想、教育制度、教育设施、教育内容、教育手段和方法等方面的现代化，尤其需要教育治理体系和治理能力现代化水平不断提高，逐步搭建起符合我国基本国情的、有利于全民终身学习的学习型社会。

教育现代化的核心是人的现代化。教育作为培养人的事业，对提高人民综合素质、促进人的全面发展具有决定性意义。必须将"培养什么人、怎样培养人、为谁培养人"这一根本任务始终贯穿教育现代化全过程，以人的现代化引领教育现代化，以教育现代化支撑国家现代化，为决胜全面建成小康社会、实现社会主义现代化强国奠定坚实基础和有力支撑。

党的十九届四中全会对坚持和完善中国特色社会主义制度、推进国家治理体系和治理能力现代化的工作进行了总体部署，针对教育领域提出了牢牢坚持党对教育工作的全面领导、推动"四个自信"融入国民教育、构建服务全民终身学习的教育体系、运用法治思维和法治方式抓治理、完善教育投入保障基础制度等工作要求。第一是牢牢坚持党对教育工作的全面领导，坚持和完善党对教育事业全面领导的制度体系。建立健全党委统一领导、党政齐抓共管、部门各负其责的教育领导体制，实现党建工作"纵到底、横到边"全覆盖。第二是推动"四个自信"融入国民教育，完善与落实立德树人体制机制，全面贯彻党的教育方针，深化"三全育人"综合改革，构建学科教学和校园文化相融合、家庭和社会相衔接的综合劳动、实践育人机制。按照培养德智体美劳全面发展的社会主义建设者与接班人的总体要求，构建德智体美劳全面培养的学科体系、教材体系、教学体系、管理体系和人才培养体系。第三是构建服务全民终身学习的教育体系。搭建沟通各级各类教育、衔接多种学习成果的全民终身学习立交桥，完善教育对外开放体制机制，发挥网络教育和人工智能优势，创新教育和学习方式，加快发展社区教育和老年教育。第四是运用法治思维和法治方式抓治理。加快完善教育法律制度体系，建立一个前后一致、逻辑圆融、层次分明的有机法律体系。将制定学前教育法，修改职业教育法、教师法、学位条例纳入立法规划项目。完善配套制度建设，完善学校法人治理结构，尽快出台外籍教师管理、在线教育管理、大中小学教育一体化发展等条例。第五是完善教育投入保障基础制度。建立政府依法管理、学校依法办学、社会共同参与的治理体系。深化教育领域放管服改革，完善监管机制，释放办学活力。深入推进师德师风长效机制建设。完善教师工资保障机制。健全财政教育投入和管理机制，推动落实"一个不低于、两个只增不减"。落实和完善鼓励社会投入教育的政策。

(二)建设教育强国是中华民族伟大复兴的基础工程

1. 从教育大国迈向教育强国

改革开放40多年来,在各级政府、教育系统和社会各界共同努力下,教育事业全面发展,教育领域综合改革不断深化,教育公平保障水平稳步提升。我国逐步完善了人才培养质量体系,建立起国家教育质量标准和质量监测评估制度,推动实现义务教育学校标准化、高中教育多样化和高等教育特色化发展,教育质量稳步提高。一系列成就的取得,为经济转型、科技创新、文化繁荣、民生改善、社会和谐提供了有力支撑,使中国特色社会主义教育自信不断增强。

通过40多年来的教育改革,我国教育的内外环境、供求关系、资源条件、评价标准都已经发生了重要而深刻的变化,我国教育改革发展已进入中国特色社会主义新的历史阶段。但我国还只是教育大国而不是教育强国,与世界先进水平相比,与中央要求、社会需求和百姓期待相比,我国的教育改革发展还有差距。面对新形势、新问题,我国教育还未能适应和满足人的全面发展和经济社会发展的需要,现代教育公共服务体系、现代教育治理体系、现代教育保障体系还不够健全,一些深层次体制机制障碍需要重要突破,一些人民群众关心的热点难点问题还需要加快解决,地方推进改革的内在动力和活力还需进一步激发①。

时代主题的发展和变化,不断地为教育事业提出了更高的要求,为中国特色社会主义教育制度的建设提供了发展动力。应对新时代的要求和建设社会主义现代化强国的奋斗目标,党和国家

---

① 用新时代中国特色社会主义思想加快建设教育强国:访十九大代表,教育部党组书记、部长陈宝生[J]. 中国农村教育,2017(11):4-5.

应坚持育人为本、立德树人,以改革创新为动力,以促进公平为重点,以提高质量为核心,坚持优先发展教育事业,建设教育强国,全面实施素质教育,推动教育事业在新的历史起点上科学发展,加快从教育大国向教育强国、从人力资源大国向人力资源强国迈进,为实现中华民族伟大复兴和人类社会文明进步做出更大贡献。

2. 建设教育强国,优先发展教育事业

党的十八大和十九大把建设教育强国提到了实现中华民族伟大复兴的基础工程的高度,要求必须把教育事业放在优先发展的战略地位,加快教育现代化,办好人民满意的教育。党的十九大报告指出,建设教育强国是中华民族伟大复兴的基础工程,必须优先发展教育事业,这就为新时代我国教育事业改革发展指明了战略方向。教育兴则国家兴,教育强则国家强。习近平总书记充分肯定了教育的地位和作用,指出:"教育是民族振兴、社会进步的重要基石,是功在当代、利在千秋的德政工程,对提高人民综合素质、促进人的全面发展、增强中华民族创新创造活力、实现中华民族伟大复兴具有决定性意义。"[①] 在同北京师范大学师生座谈时,习近平总书记也指出:"当今世界的综合国力竞争,说到底是人才竞争,人才越来越成为推动经济社会发展的战略性资源,教育的基础性、先导性、全局性地位和作用更加突显。"[②] 强国必强教,强国先强教,教育强国是社会主义现代化强国的重要内容,也是建设社会主义现代化强国的基础和前提。

---

① 习近平在全国教育大会上强调 坚持中国特色社会主义发展道路 培养德智体美劳全面发展的社会主义建设者和接班人 [N]. 人民日报,2018-09-11.
② 习近平. 做党和人民满意的好老师:同北京师范大学师生代表座谈时的讲话 [M]. 北京:人民出版社,2014:3.

教育是全党全社会的共同事业，加快教育现代化、建设教育强国是一个长期的过程，必须一张蓝图绘到底，持之以恒，久久为功。必须始终坚持把教育事业放在优先发展的位置，发展更高水平、更高质量的教育，实现"幼有所育、学有所教"，办人民满意的教育；必须持续推进教育治理体系和治理能力现代化，建设现代化高质量教育体系，全面推进教育现代化进程；必须继续深化教育领域综合改革为抓手，破除体制机制弊端，为实现教育现代化，建设教育强国和社会主义现代化强国，实现中华民族的伟大复兴注入不竭动力。

当前，我国正从教育大国向教育强国、人力资源大国向人力资源强国迈进，正在建设创新型国家。中国教育改革已经进入全面提高教育质量的新时代，只有以质量求生存，以质量求发展，以质量构建中国特色社会主义教育体系，以质量解决教育这一重大的民生问题，中国才能真正地成为世界教育强国。在新的历史时期，需要进一步深刻理解中国特色社会主义教育发展道路的内涵，落实党的十八大"坚定不移沿着中国特色社会主义道路前进"重要精神，依据《国家中长期教育改革和发展规划纲要（2010—2020年)》"优先发展、育人为本、改革创新、促进公平、提高质量"的工作方针，贯彻党的十九大确立的"习近平新时代中国特色社会主义思想"发展战略，将中国特色社会主义教育发展道路推上一个新台阶。

二、新时代坚持中国特色社会主义发展道路必须把人才作为第一资源

改革开放以来，以邓小平同志、江泽民同志、胡锦涛同志为

主要代表的中国共产党人，以习近平同志为核心的党中央，一以贯之、继往开来，在社会主义经济建设、政治建设、文化建设、社会建设、生态文明建设的总布局中，始终强调教育是将我国巨大人口压力转化为人力资源优势的决定性因素，直接关系全面建成小康社会、加快社会主义现代化步伐、实现中华民族伟大复兴的全局，必须坚定不移地实施科教兴国战略、人才强国战略和可持续发展战略，坚持把教育摆在基础性、先导性、全局性的地位，凝聚全党全社会的共识。21世纪以来的历次党代会政治报告，相继围绕优先发展教育、建设人力资源强国、努力办好人民满意的教育，提出了宏观目标和总体要求，指明了我国教育改革和发展的前进方向。

党的十八大以来，习近平总书记就做好人才工作、实施人才强国战略发表了一系列重要论述，指出："人才是实现民族振兴、赢得国际竞争主动的战略资源。"[1] 这体现了党中央对各级各类人才的关心和重视，突出了人才工作在建设社会主义事业全局中的重要战略位置，极大地丰富了中国特色社会主义人才理论内涵。新时代坚持和发展中国特色社会主义发展道路必须把人才作为第一资源，努力推进我国由人力资源大国向人力资源强国转变。

（一）创新是引领发展的第一动力

创新是标志人类在认识世界和改造世界过程中的主体性、能动性的概念，指的是人们遵循事物变化发展的规律，借助相应的客观条件，充分调动和发挥自身能动性，创造出新的观念、技术、

---

[1] 习近平. 决胜全面建成小康社会 夺取新时代中国特色社会主义伟大胜利：在中国共产党第十九次全国代表大会上的报告 [M]. 北京：人民出版社，2017：64.

产品和制度等,从而推动认识和实践的发展,推进社会进步的活动①。

创新在社会进步、国家发展中发挥着重要作用。改革开放初期,中国特色社会主义理论创立者邓小平在继承和总结马克思主义关于"科学技术是生产力"命题的基础上,创造性地提出"科学技术是第一生产力"②的科学思想,从而为我国提出"科教兴国"战略指明了方向。习近平总书记在十九大报告中指出,创新是引领发展的第一动力,是建设现代化经济体系的战略支撑③。实施创新驱动发展战略,不仅是我国经济持续发展的需要,更是当前世界经济发展的趋势。在新时代工业4.0背景下,知识和技术创新在经济增长中发挥出越来越重要的作用,也成为世界主要国家提升经济实力和综合国力的重要手段。近年来美国的创新战略、日本的科学技术基本计划等,都反映出世界各国对创新的鼓励与支持。在教育发展和人才培养过程中,创新能力已经成为"核心素养的核心"④,未来科技的发展和产业结构的升级都对人才培养规格提出了更高的要求,需要创新发展理念,培养创新型人才。在世界经济竞争中,面对外部环境的不确定性,我们需要具备自己培养创新人才的能力,从创新大国走向创新强国。

习近平总书记十分重视创新与改革对于我国经济、社会、教育发展的原动力作用。2013年10月21日,习近平总书记在欧美同学会成立100周年庆祝大会上指出:"创新是一个民族进步的灵

---

① 刘建军.论马克思主义的创新精神[J].华南师范大学学报(社会科学版),2018(3):74-79.

② 邓小平.邓小平文选:第3卷[M].北京:人民出版社,1993:274.

③ 习近平.决胜全面建成小康社会 夺取新时代中国特色社会主义伟大胜利:在中国共产党第十九次全国代表大会上的报告[M].北京:人民出版社,2017:31.

④ 褚宏启.创新能力是核心素养的核心[J].教学管理与教育研究,2017,2(20):127.

魂，是一个国家兴旺发达的不竭动力，也是中华民族最深沉的民族禀赋。在激烈的国际竞争中，惟创新者进，惟创新者强，惟创新者胜。"① 在全国科技创新大会、两院院士大会、中国科协第九次全国代表大会上，他又指出："不创新不行，创新慢了也不行。如果我们不识变、不应变、不求变，就可能陷入战略被动，错失发展机遇，甚至错过整整一个时代。"② "如果把科技创新比作我国发展的新引擎，那么改革就是点燃这个新引擎的必不可少的点火系。我们要采取更加有效的措施完善点火系。"③ 我们要向创新要动力，向改革要活力，把握创新、新科技革命和产业变革、数字经济的历史性机遇，提升世界经济中长期增长潜力。党的十八届五中全会提出实施"创新发展、协调发展、绿色发展、开放发展和共享发展"的五大发展理念，并把"创新发展"列在首位。习近平总书记强调："我们必须把创新作为引领发展的第一动力，把人才作为支撑发展的第一资源，把创新摆在国家发展全局的核心位置，不断推进理论创新、制度创新、科技创新、文化创新等各方面创新，让创新贯穿党和国家一切工作，让创新在全社会蔚然成风。"④ 在党的十九大报告中，习近平总书记再次强调："创新是引领发展的第一动力，是建设现代化经济体系的战略支撑。"⑤ 这一论断继承和创新了"科学技术是第一生产力"的思想，是对新时期我国经济社会发展方向、路径和着力点的精辟概

---

① 习近平．习近平谈治国理政［M］．北京：外文出版社，2014：59．
② 习近平．为建设世界科技强国而奋斗：在全国科技创新大会、两院院士大会、中国科协第九次全国代表大会上的讲话［M］．北京：人民出版社，2016：6．
③ 中共中央文献研究室．习近平关于科技创新论述摘编［M］．北京：中央文献出版社，2016：63．
④ 习近平．在党的十八届五中全会第二次全体会议上的讲话（节选）［J］．求是，2016（1）．
⑤ 习近平．决胜全面建成小康社会　夺取新时代中国特色社会主义伟大胜利：在中国共产党第十九次全国代表大会上的报告［M］．北京：人民出版社，2017：31．

括，也为我国确立"创新驱动发展"战略和"建设世界科技强国"指明了方向。

（二）创新驱动实质上是人才驱动

习近平总书记指出："人才是实现民族振兴、赢得国际竞争主动的战略资源。"新时代坚持中国特色社会主义发展道路必须把人才作为第一资源。在主持召开中央财经领导小组第七次会议时，习近平总书记指出："创新驱动实质上是人才驱动。为了加快形成一支规模宏大、富有创新精神、敢于承担风险的创新型人才队伍，要重点在用好、吸引、培养上下功夫。"[①] 实现"建设世界科技强国"的目标，关键是要建设一支规模宏大、结构合理、素质优良的创新人才队伍，激发各类人才创新活力和潜力。

人才培养对于引领创新有重要意义。在强调"人才是支撑发展的第一资源"的基础上，习近平总书记提出了"创新驱动实质上是人才驱动"这一精辟论断，从而把创新驱动发展、建设世界科技强国与教育改革发展紧密地联系在一起[②]。在中国科学院第十七次院士大会、中国工程院第十二次院士大会上，习近平总书记提出，"人是科技创新最关键的因素。创新的事业呼唤创新的人才"，"必须大力培养造就规模宏大、结构合理、素质优良的创新型科技人才"。在中共中央政治局第九次集体学习时，习近平总书记发表讲话并指出"人才资源是第一资源，也是创新活动中最为活跃、最为积极的因素"[③]。习近平关于"创新驱动实质上是人才

---

① 习近平. 加快实施创新驱动发展战略 加快推动经济发展方式转变［N］. 人民日报，2014-08-19.
② 刘复兴，王慧娟. 习近平关于教育改革创新的思想［J］. 兰州学刊，2018（1）.
③ 中共中央文献研究室. 习近平关于科技创新论述摘编［M］. 北京：中央文献出版社，2016：110-111.

驱动"的重要论述，深刻认识到人才在支撑发展、实现民族复兴和国家富强等方面具有的重大现实意义和深远历史意义，精准地抓住了当今世界创新发展趋势的本质，丰富和发展了我们党和国家的"科教兴国"与"人才强国"战略的内涵，把教育在创新发展中的战略地位提高到一个新的高度①。

2014年9月9日习近平在庆祝第三十个教师节同北京师范大学师生座谈时的讲话中指出："当今世界，科技进步日新月异，国际竞争日趋激烈。特别是经历了历史上罕见的国际金融危机，各国纷纷调整发展战略，更加注重科技进步和创新驱动。当今世界的综合国力竞争，说到底是人才竞争，人才越来越成为推动经济社会发展的战略性资源，教育的基础性、先导性、全局性地位和作用更加突显。'两个一百年'奋斗目标的实现、中华民族伟大复兴中国梦的实现，归根到底靠人才、靠教育。源源不断的人才资源是我国在激烈的国际竞争中的重要潜在力量和后发优势。"②

人才是科技创新的核心要素，创新人才是新知识的创造者、新技术的发明者和开拓者、新学科的创建者。科技创新人才，尤其是战略科技人才、科技领军人才、青年科技人才和高水平创新团队，可以带出高水平的创新型科技人才和团队，可以创造世界领先的重大科技成就，可以催生具有强大竞争力的企业和全新的产业，决定着一个国家科技事业的发展和国家的未来，习近平总书记指出："全部科技史都证明，谁拥有了一流创新人才、拥有了

---

① 刘复兴，王慧娟. 习近平关于教育改革创新的思想[J]. 兰州学刊，2018（1）：5-13.
② 习近平. 做党和人民满意的好老师：同北京师范大学师生代表座谈时的讲话[M]. 北京：人民出版社，2014：3.

一流科学家，谁就能在科技创新中占据优势。"①

千秋基业，人才为本，人才培养是教育工作的中心。党的十八大以来，党和国家陆续提出关于人才培养的一系列要求，创新型人才培养是其中至关重要的一项，在各项教育政策中，创新也往往作为高素质人才的必备特质被重点提及。《国家中长期教育改革和发展规划纲要（2010—2020年）》指出，高等教育要着力培养信念执着、品德优良、知识丰富、本领过硬的高素质专门人才和拔尖创新人才；《中国教育现代化2035》强调，要加强创新人才特别是拔尖创新人才的培养；《统筹推进世界一流大学和一流学科建设总体方案》要求，加快推进人才培养模式改革，围绕"创新人才培养机制"实施"双一流"建设。中国特色社会主义教育要想培养更多高水平的德、智、体等全面发展的社会主义建设者和接班人，必须不断探索和完善人才培养制度，从更新培养观念、创新人才培养模式、改革教育质量评价和人才评价制度等方面着手，实现人才培养的科学化。

（三）建设世界科技强国要靠人才

科技是国家强盛之基，创新是民族进步之魂。科学技术自产生以来，就成为造福人类的巨大财富。科学技术上的每次重大突破与创新，都会以一种不可逆转、不可抗拒的力量推动着生产力的深刻变化和人类社会的巨大进步。

习近平总书记首次提出建设世界科技强国的战略目标。在强调创新驱动发展的大背景下，习近平明确提出了"建设世界科技强国"的要求。他在中国科学院第十七次院士大会、中国工程院

---

① 习近平. 在中国科学院第十九次院士大会、中国工程院第十四次院士大会上的讲话［M］. 北京：人民出版社，2018：18-19.

坚持把服务中华民族伟大复兴作为教育的重要使命

第十二次院士大会上的讲话中提道：为了实现中华民族伟大复兴的目标，"我们就必须坚定不移贯彻科教兴国战略和创新驱动发展战略，坚定不移走科技强国之路"①。在 2016 年 5 月 30 日召开的全国科技创新大会、两院院士大会、中国科协第九次全国代表大会上的讲话中，习近平首次提出"建设世界科技强国"的目标，指出："党中央今年颁布的《国家创新驱动发展战略纲要》明确，我国科技事业发展的目标是，到 2020 年时使我国进入创新型国家行列，到 2030 年时使我国进入创新型国家前列，到新中国成立 100 年时使我国成为世界科技强国。"②

从"科技兴则民族兴，科技强则国家强"这一论断出发，习近平反复论述了"建设世界科技强国要靠人才"的思想，深刻认识到人才资源在实现科技强国目标中的重要性。习近平总书记指出："人是科技创新最关键的因素。创新的事业呼唤创新的人才。""知识就是力量，人才就是未来。我国要在科技创新方面走在世界前列，必须在创新实践中发现人才、在创新活动中培育人才、在创新事业中凝聚人才，必须大力培养造就规模宏大、结构合理、素质优良的创新型科技人才。"③ 习近平总书记认为："我国要建设世界科技强国，关键是要建设一支规模宏大、结构合理、素质优良的创新人才队伍，激发各类人才创新活力和潜力。要极大调动和充分尊重广大科技人员的创造精神，激励他们争当创新的推动者和实践者，使谋划创新、推动创新、落实创新成为自觉行动。……要完善创新人才培养模式，强化科学精神和创造性思维培养，加

---

① 习近平. 在中国科学院第十七次院士大会、中国工程院第十二次院士大会上的讲话 [M]. 北京：人民出版社，2014：17.

② 习近平. 为建设世界科技强国而奋斗：在全国科技创新大会、两院院士大会、中国科协第九次全国代表大会上的讲话 [M]. 北京：人民出版社，2016：2.

③ 同①.

强科教融合、校企联合等模式,培养造就一大批熟悉市场运作、具备科技背景的创新创业人才,培养造就一大批青年科技人才。"①

建设世界科技强国的关键是人才,因此,必须要"努力造就一批世界水平的科学家、科技领军人才、工程师和高水平创新团队,注重培养一线创新人才和青年科技人才"②。习近平总书记曾引用魏源《默觚·治》中的"人材者,求之则愈出,置之则愈匮",要求"各级党委和政府要以识才的慧眼、爱才的诚意、用才的胆识、容才的雅量、聚才的良方,放手使用优秀青年人才,为青年人才成才铺路搭桥,让他们成为有思想、有情怀、有责任、有担当的社会主义建设者和接班人"③。加快建设创新型国家和世界科技强国,需要培养出一大批"实践型、创新型、复合型"人才,为推动高质量发展提供智力支撑和人才支持。

三、教育是具有基础性、全局性、先导性的社会主义事业

人类文明的发展进程表明,人是推动人类社会进步和国家强盛的重要力量。人的培养,基础靠教育。教育兴则民族兴,教育强则国家强,重视教育在国家治理和建设中的地位和作用,是中华民族持之以恒的优良传统,时代越是向前,知识和人才的重要

---

① 习近平. 为建设世界科技强国而奋斗:在全国科技创新大会、两院院士大会、中国科协第九次全国代表大会上的讲话[M]. 北京:人民出版社,2016:17.
② 习近平. 在中国科学院第十七次院士大会、中国工程院第十二次院士大会上的讲话[M]. 北京:人民出版社,2014:18.
③ 习近平. 在中国科学院第十九次院士大会、中国工程院第十四次院士大会上的讲话[M]. 北京:人民出版社,2018:24-25.

性就愈发突出,教育的地位和作用就愈发凸显,对教育也愈加重视。

(一) 中华民族有着重视教育的优良传统

与中华民族5 000多年悠久历史和灿烂文化相伴相行,中华民族的教育发展也源远流长,教育传统悠久隽永,教育思想博大精深。中华民族优良教育传统与思想文化精华是中华优秀传统文化宝库中的珍宝,几千年来中华民族生生不息,一个根本因素就在于重视教育,使文明薪火相传。

中国传统文化一贯重视教育,强调教育对于社会、人的发展的重要性。《论语·子路》记载:"子适卫,冉有仆。子曰:'庶(矣)哉!'冉有曰:'既庶矣,又何加焉?'曰:'富之。'曰:'既富矣,又何加焉?'曰:'教之。'"认为在抓好经济建设的物质基础上,应该抓好教育建设,这样才能让国家走向富强之路。从个人发展的角度来看,《论语·阳货》中"性相近也,习相远也"的说法,认为人在出生之时习性十分相似,教育以及环境的影响使之产生了千差万别。在现代化政治经济快速发展的今天,大力推进教育优先发展的目标与种种教育政策,正是对中华优良教育传统的继承与发展。

强调道德教化是中华优良教育传统的重要特征。中国传统教育思想主张培养"德才兼备"的君子,通过培养一批有道德、有才能的贤才来辅助德政的实践。从历史上来看,特别是儒家文化,无论主张何种人性观,无论是在政治方面还是教育方面,都主张通过德行方面的教育来使人向善。孔子明确提出"为政以德,譬如北辰,居其所而众星拱之",概括了道德教化对于当时的社会统治的重要性。而反映在教育上便是以德主教,便是把德育放在教育的中心位置。孔子将"仁"作为自己的教育思想的核心，认为"骥不称其力，称其德也"。孔子主张德重于智的教育思想。《大学》的开篇为："大学之道，在明明德，在亲民，在止于至善。"而这一价值取向，通过一代一代的传递，对于当代中国特色社会主义教育道路有十分深远的影响，是中国特色社会主义教育发展道路坚持以人为本、以德为先的思想基础。

从古代到近现代，我国历来把发展教育放在重要位置，作为治国安邦的大事。早在公元前8世纪，中国就有了"一年之计，莫如树谷；十年之计，莫如树木；终身之计，莫如树人"的说法。到春秋战国时期，又有了"国有贤良之士众，则国家之治厚；贤良之士寡，则国家之治薄""有教无类""玉不琢，不成器；人不学，不知道。是故古之王者建国君民，教学为先""国将兴，必贵师而重傅；贵师而重傅，则法度存"的思想，把尊师重教和崇智尚学与国家治理及兴衰联系起来，作为教化民众，增强国家实力，维护统治稳定的重要手段。后来的封建统治在治理国家的过程中，也都十分重视发挥教育的训导作用。到了近代，伴随西方资本主义强国的兴盛和中华帝国的沉沦，中国思想家们在追寻强国富民、振兴中华的理想时，相继提出了国家的强弱以教育为转移，强国就得变法，而"变法之本在育人才，人才之兴，在开学校""教育是立国之本""教育救国"等思想，把发展教育与变法、救国等联系起来。

从"建国君民，教学为先"，到"人才之兴，在开学校"，直至"教育救国"，反映了我国从古代至近代不同时期的教育理念，刻记着不同时期不同阶级的烙印与局限性，但却共同记录着中华民族重视发挥教育在国家治理和建设中的重要作用的优良传统。

（二）新中国成立以来，中国共产党把教育摆在越来越突出的重要地位

在进行革命、社会主义建设和改革开放的探索实践中，中国共产党继承中华民族重视教育的传统，并根据不同时期完成中心任务的需要，逐步提出并形成发展了优先发展教育的一系列科学思想。

在革命时期，毛泽东提出："从百分之八十的人口中扫除文盲，是新中国的一项重要工作"，"中国应当建立自己的民族的、科学的、人民大众的新文化和新教育"[①]。在百废待兴的建国初期，他强调"恢复和发展人民教育是当前重要任务之一"[②]。

党的十一届三中全会以后，适应以经济建设为中心和建设社会主义现代化国家的需要，我们党进一步认识到了教育发展之于社会发展的重要性，认识到了教育与经济和科技发展之间的制约关系，把发展教育事业作为关乎现代化建设全局的根本问题来对待，使教育在国家建设中的总体地位得到提升，优先发展教育的思想逐渐形成和丰富。邓小平提出"我们有个危机，可能发生在教育部门，把整个现代化水平拖住了"[③]。后来，他又反复强调"教育是一个民族最根本的事业"[④]，"我们要实现现代化，关键是科学技术要能上去。发展科学技术，不抓教育不行"[⑤]。"我们要千方百计，在别的方面忍耐一些，甚至于牺牲一点速度，把教育

---

① 毛泽东. 毛泽东选集：第3卷[M]. 2版. 北京：人民出版社，1991：1083.
② 中共中央文献研究室. 毛泽东、邓小平、江泽民论教育[M]. 北京：中央文献出版社，2002：52.
③ 邓小平. 邓小平文选：第2卷[M]. 2版. 北京：人民出版社，1994：34.
④ 邓小平. 邓小平年谱（一九七五——一九九七）：下卷[M]. 北京：中央文献出版社，2004：1112.
⑤ 同③40.

问题解决好。"① 在邓小平关于现代化建设要"把教育问题解决好"等一系列思想指导下，党的十二大把教育确定为我国社会主义建设三大战略重点之一，党的十三大提出了"百年大计，教育为本。必须坚持把发展教育事业放在突出的战略位置"，把教育放在现代化建设的突出战略位置。

江泽民在《论"三个代表"》中指出："党要始终代表中国先进文化的前进方向，……必须努力体现面向现代化、面向世界、面向未来的，民族的科学的大众的社会主义文化的要求。"因此，就必须将科教兴国作为战略方针，把教育作为民族发展和振兴最根本的事业，摆在优先发展的战略地位，"百年大计，教育为本"，使得教育的根本地位得到进一步的明确。党的十四大召开时，江泽民提出"必须把教育摆在优先发展的战略地位，努力提高全民族的思想道德和科学文化水平，这是实现我国现代化的根本大计"②，首次确认了教育优先发展的战略地位，后又提出了"实施科教兴国战略"③。党的十五大将教育事业摆进21世纪社会主义事业全局加以谋划，强调"要切实把教育摆在优先发展的战略地位"④。党的十六大进一步把教育和人力资源开发作为到2020年全面建设小康社会的四大目标之一，提出"教育是发展科学技术和培养人才的基础，在现代化建设中具有先导性全局性作用，必须摆在优先发展的战略地位"⑤。

进入21世纪，顺应国内外经济科技形势发展的新变化，胡锦涛提出"坚定不移地实施科教兴国战略和人才强国战略，切实把

---

① 邓小平. 邓小平文选：第3卷 [M]. 北京：人民出版社，1993：275.
② 江泽民. 江泽民文选：第1卷 [M]. 北京：人民出版社，2006：233.
③ 同②435.
④ 江泽民. 江泽民文选：第2卷 [M]. 北京：人民出版社，2006：34.
⑤ 江泽民. 江泽民文选：第3卷 [M]. 北京：人民出版社，2006：560.

教育摆在优先发展的战略地位"①，"坚持优先发展教育，推动教育事业科学发展，建设人力资源强国"，"教育是国计，也是民生"② 等思想，把教育摆在优先发展的战略地位，成为我们党和国家提出并长期坚持的一项重大方针。科学发展观继承和发展了马克思列宁主义、毛泽东思想、邓小平理论和"三个代表"重要思想中关于人的全面发展和关于重视教育在社会经济发展中的作用和地位的思想。"以促进经济社会和人的全面发展为发展的终极目标"③，强调科教兴国和人才强国，同时又有新的发展，把发展教育事业作为坚持"发展是第一要义"、坚持"以人为本"核心理念、坚持"全面协调可持续发展"、坚持"统筹兼顾"的必然选择，把办好人民满意的教育作为当前教育事业发展的重要内容。

纵观新中国成立以来到党的十八大我国教育的发展，虽然不同时期因社会环境的变化和社会经济发展条件的不同，教育发展的目标有所差异，但中国特色社会主义教育发展道路的方向始终是一致的，呈现出鲜明的方向性。可以说，在任何时期，我国社会主义教育发展道路始终坚持以马克思主义为指导思想，坚持社会主义办学道路，结合我国教育发展的特殊国情进行教育改革实践，为我国社会主义政治、经济、文化、科技的发展服务。这条道路也在不断引导我国教育走向现代化的、科学的中国特色社会主义道路。

（三）党的十八大以来，习近平同志提出教育是国之大计、党之大计

胡锦涛在党的十八大报告中强调："教育是民族振兴和社会进

---

① 中共中央文献研究室. 十六大以来重要文献选编：下 [M]. 北京：中央文献出版社，2008：616.
② 胡锦涛. 在全国教育工作会议上的讲话 [N]. 人民日报，2010-09-09.
③ 冯刚，张剑. 科学发展观教育理论研究 [M]. 北京：教育科学出版社，2011：2.

步的基石。要坚持教育优先发展，全面贯彻党的教育方针，坚持教育为社会主义现代化建设服务、为人民服务，把立德树人作为教育的根本任务，培养德智体美全面发展的社会主义建设者和接班人。"① 十八大报告把"努力办好人民满意的教育"作为下一阶段我国教育发展的总方针。根据这一总方针，以习近平同志为核心的党中央提出了教育发展的五个重点：把立德树人作为教育的根本任务、把改革作为推进教育事业科学发展的根本动力、把促进教育公平作为教育工作的战略重点、把加强教师队伍建设作为最重要的基础工作、把基本实现教育现代化作为教育发展的战略目标②。

中国特色社会主义进入新时代，习近平总书记高度重视教育的改革发展，统揽全局、把握大势，就坚持教育事业优先发展发表了一系列重要讲话，做出重要指示、批示，提出了一系列新理念新思想新观点。

2012年11月，在十八届一中全会后中央政治局常委与中外记者的见面会上，习近平庄严宣布："我们的人民热爱生活，期盼有更好的教育、更稳定的工作、更满意的收入、更可靠的社会保障、更高水平的医疗卫生服务、更舒适的居住条件、更优美的环境，期盼孩子们能成长得更好、工作得更好、生活得更好。人民对美好生活的向往，就是我们的奋斗目标。"习近平总书记把"更好的教育"摆在人民"十大期盼"的首位，并强调指出："致天下之治者在人才。"没有一支宏大的高素质人才队伍，全面建成小康

---

① 胡锦涛. 坚定不移沿着中国特色社会主义道路前进 为全面建成小康社会而奋斗：在中国共产党第十八次全国代表大会上的报告［M］. 北京：人民出版社，2012.
② 袁贵仁. 学习贯彻习近平总书记重要讲话，努力为全体人民提供更好的教育［N］. 人民日报，2014-01-20.

社会的奋斗目标和中华民族伟大复兴的中国梦就难以顺利实现。

2013年4月,习近平总书记指出:"教育决定着人类的今天,也决定着人类的未来。"① 从教育与人类发展的紧密联系阐述了教育的重要性。同年9月,习近平主席在联合国"教育第一"全球倡议行动一周年纪念活动上发表贺词,再次强调教育是人类传承文明和知识、培养年轻一代、创造美好生活的根本途径,强调中国将坚定实施科教兴国战略,始终把教育摆在优先发展的战略位置②,从教育与推进公平正义的关系突出了优先发展教育的作用。

2014年,习近平总书记指出:"教育是提高人民综合素质、促进人的全面发展的重要途径,是民族振兴、社会进步的重要基石,是对中华民族伟大复兴具有决定性意义的事业。"③ 从教育与促进人的全面发展、实现中华民族伟大复兴的关系突出了优先发展教育的重要意义。

2015年,习近平总书记指出,人才是最为宝贵的资源,人才决定未来,教育成就梦想,中国一直把教育放在优先发展的战略地位④,从教育与人才培养的关系强调了教育优先发展的必要性。

2016年,习近平总书记指出,基础教育是立德树人的事业,是提高民族素质的奠基工程,"时代越是向前,知识和人才的重要性就愈发突出,教育的地位和作用就愈发凸显"⑤,从时代发展与人才培养的关系强调了教育的地位。

2017年,习近平总书记在党的十九大报告中指出:"建设教

---

①②中共中央文献研究室. 习近平关于社会主义社会建设论述摘编[M]. 北京:中央文献出版社,2017:47.
③ 习近平. 做党和人民满意的好老师:同北京师范大学师生代表座谈时的讲话[M]. 北京:人民出版社,2014:3.
④ 习近平. 习近平会见哈佛大学校长福斯特[N]. 人民日报,2015-03-17.
⑤ 同①58.

育强国是中华民族伟大复兴的基础工程，必须把教育事业放在优先位置"，"优先发展教育事业"①。建设教育强国与实现中华民族伟大复兴的关系更加突显了教育的优先发展地位。

2018年，习近平总书记指出："教育兴则国家兴，教育强则国家强。高等教育发展水平是一个国家发展水平和发展潜力的重要标志。"从教育与实现国家富强的关系阐明了发展高等教育的重要性、紧迫性。在全国教育大会上，习近平总书记进一步将教育提升为"国之大计、党之大计"，强调要"坚持把优先发展教育事业作为推动党和国家各项事业发展的重要先手棋"②。

这些重要论述，揭示了教育的本质属性，阐明了教育在实现中国梦伟大征程中的重要作用和战略地位③。从新中国成立到改革开放，中国共产党人继承和发扬中华民族重视教育的优良传统，坚持在经济比较困难的情况下勒紧裤腰带，"穷国办大教育"；改革开放以来，科教兴国逐步确立为党和国家的发展战略，尊重知识、尊重人才成为时代最强音，中国教育进入发展快车道；党的十八大以来，深入实施科教兴国和人才强国战略，坚持"大国办强教育""建设教育强国"，初步实现了中华民族千百年来"学有所教、有教无类"的教育理想，建成了世界上最大规模的教育体系，教育总体水平跃居世界中上行列，教育已经成为影响甚至决定中华民族伟大复兴和国家崛起的"国之大计、党之大计"，肩负起为实现中华民族伟大复兴，培养德智体美劳全面发展的社会主

---

① 习近平. 决胜全面建成小康社会 夺取新时代中国特色社会主义伟大胜利：在中国共产党第十九次全国代表大会上的报告 [M]. 北京：人民出版社，2017：45.
② 习近平在全国教育大会上强调 坚持中国特色社会主义教育发展道路 培养德智体美劳全面发展的社会主义建设者和接班人 [N]. 人民日报，2018-09-11.
③ 袁贵仁. 推进教育事业改革发展的强大思想武器：学习习近平总书记关于教育工作的重要论述 [J]. 求是，2014（8）.

义建设者和接班人的重要使命。

四、始终把教育放在优先发展的战略地位

百年大计，教育为本。习近平总书记所做的党的十九大报告围绕"优先发展教育事业"做出新的全面部署，明确提出："建设教育强国是中华民族伟大复兴的基础工程，必须把教育事业放在优先位置，深化教育改革，加快教育现代化，办好人民满意的教育。"这为我们在中国特色社会主义新时代不断推进教育改革发展、大力提高国民素质指明了方向。

（一）坚持优先发展教育是马克思主义关于生产力要素理论的新发展

生产力是社会发展的最终动因。人类社会的发展表明，生产力是一个不断发展变化的概念，不同社会历史阶段，随着生产力发展水平的变化，对生产力要素的认识也会随之出现新的发展。

马克思主义认为生产力中包括科学，教育会生产劳动能力。生产力揭示的是人与自然的关系，是人类控制和征服自然的能力。马克思在《资本论》第一卷中指出："劳动生产力是由多种情况决定的，其中包括：工人的平均熟练程度，科学的发展水平和它在工艺上应用的程度，生产过程的社会结合，生产资料的规模和效能，以及自然条件。"马克思主义认为，生产力是人们的实践能力的结果，它主要涉及劳动者、劳动对象和劳动工具等生产要素，在这些要素中，劳动对象和劳动工具等都因劳动者发生变化，所以，劳动者是生产力中最活跃也是最重要的因素。马克思说，"各

种经济时代的区别,不在于生产什么,而在于怎样生产,用什么劳动资料生产"①。在农业经济社会时期,生产力发展水平十分落后,人们对它的理解仅停留在土地、劳动力、资本等简单的物质层面。工业革命后,人类进入近代工业社会,纺织机、蒸汽机及电报机等的广泛使用,引发了产业革命、产业结构和劳动者就业结构的变化,科学技术的发展对人类社会的生产、生活方式以及思维方式都带来了重大而深刻的影响,在人类历史上第一次把科学技术渗透和作用到生产过程中,使人的体力得以解放,大大提高了生产力。马克思、恩格斯在欧洲技术变革中看到了自然力和自然科学在机器大工业生产中大大提高劳动生产率中的作用,提出"大工业把巨大的自然力和自然科学并入生产过程,必然大大提高劳动生产率"②,并意识到科学技术在一定程度上能够直接转变为生产力;认为,"随着大工业的发展,现实财富的创造较少地取决于劳动时间和已耗费的劳动量,较多地取决于在劳动时间内所运用的动因的力量,而这种动因自身——它们的巨大效率——又和生产它们所花费的直接劳动时间不成比例,相反地却取决于一般的科学水平和技术进步,或者说取决于科学在生产上的应用"③,"劳动生产力是随着科学和技术的不断进步而不断发展的","社会的劳动生产力,首先是科学的力量","生产力中也包括科学"。恩格斯在《在马克思墓前的讲话》中也指出:"在马克思看来,科学是一种在历史上起推动作用的、革命的力量。"列宁说:"全人类的首要的生产力就是工人,劳动者。"这些论断表明,

---

① 马克思,恩格斯. 马克思恩格斯选集:第2卷[M]. 3版. 北京:人民出版社,2012:172.
② 同①218.
③ 马克思,恩格斯. 马克思恩格斯全集:第46卷:下册[M]. 北京:人民出版社,1980:217.

在马克思、恩格斯所讲的生产力要素中,科学技术占有十分重要的位置。十月革命胜利后,列宁也十分重视应用当时世界上最先进的科学技术来推动国民经济的恢复和发展,他提出,"只有当国家实现了电气化,为工业、农业和运输业打下了现代大工业的技术基础的时候,我们才能得到最后的胜利"[①]。新中国成立后,毛泽东提出"向科学进军"等思想。随着第三次科技革命的出现,科学技术转变为直接、现实生产力的进程越来越快,在推动人类文明进步和人类总体生产能力、生存能力和发展能力方面发挥的作用也越来越大。改革开放后,邓小平提出了"科学技术是第一生产力"的著名论断,强调了科学技术在现代生产力中的决定作用,从根本上肯定了科学技术是现代生产力中最重要的推动力和最活跃的因素。

发展生产力离不开科技进步,科技进步离不开劳动者劳动能力的提高,提高劳动者的劳动能力,教育不可或缺。第一次工业革命的出现和发展,推动科学技术越来越多地运用于物质生产过程,劳动分工也越来越细化和专门化,马克思、恩格斯说:"一个民族的生产力发展的水平,最明显地表现于该民族分工的发展程度。"[②] 分工是生产力发展水平的标志,分工的专门化对劳动者掌握专门的技能提出了更高要求,而劳动者劳动能力的高低,又直接影响着生产力的发展水平。教育既可以通过传授知识,继承前人留下的生产经验和生产技能,也可以通过学习创造新的知识,拓展丰富人类发展生产的新知识新技能。当科技变革给劳动者提出了需要熟练掌握专门劳动技能的要求时,马克思认为,"要改变一般的人的本性,使它获得一定劳动部门的技能和技巧,成为发

---

① 列宁. 列宁专题文集·论社会主义[M]. 北京:人民出版社,2009:182.
② 马克思,恩格斯. 马克思恩格斯文集:第1卷[M]. 北京:人民出版社,2009:520.

达的和专门的劳动力，就要有一定的教育或训练"[①]。马克思在谈到资本主义条件下对工人的教育费用的支出的时候，还指出"这种支出都是生产的，因为教育会生产劳动能力"。马克思、恩格斯还设想，未来社会的教育可以"使年轻人很快就能够熟悉整个生产系统"，使他们根据社会的需要或他们自己的爱好，轮流从一个生产部门转到另一个生产部门，具有多种劳动能力。教育使科学知识与劳动者相结合、智力与体力相结合，并通过劳动者将科学技术渗透到生产力其他要素中，在推动科学技术转换成现实生产力中起到了不可替代的作用。邓小平提出，我们要赶上世界科技革命和产业革命的发展，加快建设社会主义现代化，"经济发展得快一点，必须依靠科技和教育"。

（二）坚持优先发展教育事业的思想，进一步突显了科学教育在推动当代社会生产力发展中的关键作用

坚持优先发展教育事业的思想，是习近平总书记结合当代世界科学技术迅猛发展的趋势，结合我国建设社会主义现代化强国和实现中华民族伟大复兴的实际需要，对优先加快教育事业发展提出的新思想新论断。这个思想丰富和发展了马克思主义关于科学与教育推动生产力发展的认识。

"科学技术作为第一生产力的作用日益突出"，是对马克思主义关于生产力包括科学和"科学技术是第一生产力"思想的发展。当今世界，随着科学技术的迅速发展，尤其是互联网技术的兴起和发展，生产力各要素所起的作用发生了巨大的变化，现代科学技术已经广泛渗透到社会生产的各个环节，知识、信息、智能在

[①] 马克思，恩格斯. 马克思恩格斯文集：第5卷［M］. 北京：人民出版社，2009：200.

生产力结构系统中的地位大幅提升,信息技术、生物技术、制造技术、新材料技术、新能源技术广泛渗透到几乎所有领域,带动了以绿色、智能、泛在为特征的群体性重大技术变革,使社会生产和消费从工业化向自动化、智能化转变,使社会生产力再次大大提高,劳动生产率再次实现飞跃,科技创新成为推动生产力发展的决定因素和经济发展中最重要的驱动力。面对科学技术发展带来的生产力的巨大变革,习近平总书记就科学技术推动生产力发展的巨大的作用提出了一系列新的观点,指出:"改革开放这三十多年,我们更多依靠资源、资本、劳动力等要素投入支撑了经济快速增长和规模扩张。改革开放发展到今天,这些要素条件发生了很大变化,再要像过去那样以这些要素投入为主来发展,既没有当初那样的条件,也是资源环境难以承受的。我们必须加快从要素驱动发展为主向创新驱动发展转变,发挥科技创新的支撑引领作用。"①"当今世界,科学技术作为第一生产力的作用愈益凸显,工程科技进步和创新对经济社会发展的主导作用更加突出……未来几十年,新一轮科技革命和产业变革将同人类社会发展形成历史性交汇,工程科技进步和创新将成为推动人类社会发展的重要引擎……必须充分发挥科学技术第一生产力的作用。"②"从发展上看,主导国家命运的决定性因素是社会生产力发展和劳动生产率提高,只有不断推进科技创新,不断解放和发展社会生产力,不断提高劳动生产率,才能实现经济社会持续健康发展。"③ 从马克思的"生产力中也包括科学",到习近平总书记的"充分发挥科学技术第一生产力的作用","科技创新是提高社会生产力和综合

---

① 中共中央文献研究室. 习近平关于科技创新论述摘编[M]. 北京:中央文献出版社,2016:13.
② 习近平出席 2014 年国际工程科技大会并发表主旨演讲[N]. 人民日报,2014-06-04.
③ 同①30.

国力的战略支撑",在马克思主义的生产力要素理论中,科学技术的地位得到巨大提升。

"人才是第一资源",时代越是向前、"教育的地位和作用就愈发凸显"等观点,发展了马克思关于教育提升劳动者劳动能力的思想。教育是提升劳动者素质和技能的基础,人类社会需要教育不断培养社会发展需要的人才。在科技竞争和国力竞争日趋激烈的当今世界,习近平总书记提出,"人才是创新的第一资源。没有人才优势,就不可能有创新优势、科技优势、产业优势"①,"人才是创新的根基,是创新的核心要素。创新驱动实质上是人才驱动","科教兴国、人才强国、产学研结合等,都与教育工作紧密相关,科技教育要搞好分工合作"②,"中国这么多人,教育上去了,将来人才就会像井喷一样涌现出来。这是最有竞争力的"③,"培养大批具有创新能力和合作精神的人工智能高端人才,是教育的重要使命……加快发展伴随每个人一生的教育、平等面向每个人的教育、适合每个人的教育、更加开放灵活的教育"④。这些观点突出了教育在提高国际竞争力、科技创新力、人才培养力等方面的重要作用,升华和发展了马克思关于教育将提高劳动者素质和技能、将科学技术直接转化为现实生产力、将推动生产力大力发展的认识。

(三)优先发展教育事业是推动党和国家各项事业发展的重要先手棋

人是生产力中最活跃最重要的因素。当今世界的竞争,说到

---

① 中共中央文献研究室. 习近平关于科技创新论述摘编[M]. 北京:中央文献出版社,2016:116.
② 同①110.
③ 同①107.
④ 习近平向国际人工智能与教育大会致贺信[N]. 人民日报,2019-05-17.

坚持把服务中华民族伟大复兴作为教育的重要使命

底是人才的竞争。"国势之强由于人，人材之成出于学。"① 教育事关国家发展、事关民族未来。一个国家的发展需要通过教育传授已知、更新旧知、开掘新知、探索未知，源源不断地为社会发展培养一代又一代所需人才。在人类文明发展的进程中，没有哪一项事业像教育这样影响甚至决定着接班人问题，影响甚至决定着国家各项事业的发展和未来，教育是国家发展进步的重要推动力。当前，中国特色社会主义进入新时代，迎来了从站起来、富起来到强起来的重要发展战略机遇期，"党和国家事业发展对高等教育的需要，对科学知识和优秀人才的需要，比以往任何时候都更为迫切"②，只有下好这一推动党和国家事业发展的重要先手棋，才能培养出更多更好能够满足党和国家事业发展需要的各类人才，为实现中华民族伟大复兴中国梦提供强大的人才支撑。

（四）发展是第一要务，创新是引领发展的第一动力

当今世界，创新驱动是大势所趋，国家发展惟创新者进，惟创新者强，惟创新者胜。全球科技创新进入空前密集活跃时期，新一轮科技革命和产业变革正在重构全球创新版图、重塑全球经济结构，科学技术在广泛交叉和深度融合中不断创新。进入21世纪以来，特别是以信息、生命、纳米、材料等科技为基础的系统集成创新，以前所未有的力量驱动着经济社会发展，科学技术转化为现实生产力的速度越来越快。据英国科学家詹姆斯·马丁研究，人类的科学技术，在19世纪每50年增长一倍；在20世纪中叶每10年增长一倍；在20世纪70年代每5年增长一倍；在20世纪80年代每3年增长一倍；到2020年，每73天增长一倍。19

---

① 习近平. 在北京大学师生座谈会上的讲话[M]. 北京：人民出版社，2018：5.
② 同①4.

世纪，一项新科技成果转化为生产力的时间大约为10年；20世纪前半叶为5年；20世纪50—60年代为1~3年；20世纪80年代为数月；20世纪90年代为数天；21世纪只需数小时[1]。科技创新不断培育出新的经济增长点，成为解决人类面临的能源资源、生态环境、自然灾害、人口健康等全球性问题的重要途径和经济社会发展的主要驱动力，科技创新从来没有像今天这样如此深刻地影响着一个国家的前途命运和人民的生活福祉。如我国科学家袁隆平院士率领团队发明的杂交水稻双季亩产突破1500公斤大关，不仅为解决中国14亿多人口的吃饭问题做出了突出贡献，而且将这项技术推广到国外，使印度、印度尼西亚、埃及、利比里亚等国家某些地方的水稻产量提高了15%~20%，为保障人类粮食安全、减少人口贫困发挥了重要作用。面对科技创新成为推动社会生产力发展和劳动生产率提升决定性因素的发展趋势，习近平总书记多次指出，"不创新不行，创新慢了也不行"[2]，"抓创新就是抓发展，谋创新就是谋未来"[3]，"谁牵住了科技创新这个牛鼻子，谁走好了科技创新这步先手棋，谁就能占领先机、赢得优势"[4]。如果科技创新搞不上去，我国的发展动力就不可能实现转换，在全球综合国力的竞争中就会处于下风，只有把创新摆在国家发展全局的核心位置，不断推进理论创新、制度创新、科技创新、文化创新等各方面创新，才可能在未来发展中后来居上，实现弯道超车。

---

[1] 马丁. 生存之路：计算机技术引发的全新经营革命[M]. 北京：清华大学出版社，1998：76.

[2] 习近平. 为建设世界科技强国而奋斗：在全国科技创新大会、两院院士大会、中国科协第九次全国代表大会上的讲话[M]. 北京：人民出版社，2016：6.

[3] 中共中央文献研究室. 习近平关于科技创新论述摘编[M]. 北京：中央文献出版社，2016：7.

[4] 同[3]26.

（五）人才是创新的核心，人才培养的基础在教育

人才是创新的核心要素，创新人才的培养在教育，特别是高等教育。创新人才是新知识的创造者、新技术的发明者和开拓者、新学科的创建者。科技创新人才，尤其是战略科技人才、科技领军人才、青年科技人才和高水平创新团队，可以带出高水平的创新型科技人才和团队，可以创造世界领先的重大科技成就，可以催生具有强大竞争力的企业和全新的产业，决定着一个国家科技事业的发展和国家的未来，习近平总书记指出："全部科技史都证明，谁拥有了一流创新人才、拥有了一流科学家，谁就能在科技创新中占据优势。"[1] 国势之强由于人，人材之成出于学，创新人才主要依靠教育特别是高等教育来培养。高等教育集人才培养、科学研究和服务经济社会发展于一身，是科技进步和人才培养的结合点，承担着为国家发展培养创造性人才、形成各个领域的科技创新成果、将科技创新成果转化为现实生产力和竞争优势的重要任务，在推进创新中肩负着不可替代的历史使命。2018年，习近平总书记在北京大学师生座谈会上的讲话中指出："高等教育是一个国家发展水平和发展潜力的重要标志。今天，党和国家事业发展对高等教育的需要，对科学知识和优秀人才的需要，比以往任何时候都更为迫切。"[2] 党的十八大以来，随着高等教育大众化深入发展，我国高校在推进国家创新中的地位更加突显，向社会各个领域培养输送了大批创新型专业人才。同时，高校本身已经成为科技创新资源、科技发明成果和基础研究的重要方面军。高

---

[1] 习近平. 在中国科学院第十九次院士大会、中国工程院第十四次院士大会上的讲话 [M]. 北京：人民出版社，2018：18-19.

[2] 习近平. 在北京大学师生座谈会上的讲话 [M]. 北京：人民出版社，2018：4.

校承担了全国60％以上的基础研究和重大科研任务，建设了60％以上的国家重点实验室，获得了60％以上的国家科技三大奖励，发表科技论文数量和获得自然科学基金资助项目均占全国80％以上，在载人航天、量子通信、超级计算机等领域产出一批具有国际影响力的标志性成果，高校哲学社会科学队伍和研究成果均占全国总数80％以上[1]，为推动创新型国家建设做出了重要贡献。为适应新时代新要求，解决人才特别是高端人才稀缺问题，实现建设世界科技强国目标，习近平总书记要求，高校作为科技创新的生力军，要在国家坚定实施科教兴国战略、人才强国战略和创新驱动发展战略中，加快一流大学和一流学科建设，实现高等教育内涵式发展，"要创新人才培养机制和教育方法，为国家现代化建设培养造就更多的合格人才、创新人才"[2]，率先建成国家创新人才高地。在国际人工智能与教育大会上，习近平总书记致贺信强调："人工智能是引领新一轮科技革命和产业变革的重要驱动力，正深刻改变着人们的生产、生活、学习方式，推动人类社会迎来人机协同、跨界融合、共创分享的智能时代。把握全球人工智能发展态势，找准突破口和主攻方向，培养大批具有创新能力和合作精神的人工智能高端人才，是教育的重要使命。"[3]

（六）人民对美好生活的向往就是我们的奋斗目标，优先发展教育事业与人民群众对美好生活的期待相契合

对美好生活的追求是推动人类进步最持久的力量，历史总是伴随着人们追求美好生活的脚步不断向前向前再向前。马克思、

---

[1] 陈宝生.中国教育：波澜壮阔四十年［N］.人民日报，2018-12-17.
[2] 童世骏.建设社会主义教育强国研究［M］.北京：人民出版社，2019.
[3] 习近平向国际人工智能与教育大会致贺信［N］.人民日报，2019-05-17.

坚持把服务中华民族伟大复兴作为教育的重要使命

恩格斯在《共产党宣言》中明确指出:"过去的一切运动都是少数人的或者为少数人谋利益的运动。无产阶级的运动是绝大多数人的、为绝大多数人谋利益的独立的运动。"① 为人民谋幸福,为民族谋复兴,带领人民不断创造更加美好的生活,是中国共产党的初心和始终不渝的奋斗目标。在我们党的领导下,经过不懈努力,新中国成立特别是改革开放 40 多年以来,在我国经济社会发展取得巨大成就的基础上,我国综合国力跃居世界前列,从低收入国家进入中上等收入国家行列,正在向高收入国家迈进;我国人民生活显著改善,现行标准下 9 899 万农村贫困人口全部脱贫,实现了从贫困到温饱再到总体小康的历史性跨越,我国社会的主要矛盾已经转化为人民日益增长的美好生活需要和不平衡不充分的发展之间的矛盾,人民对美好生活的向往出现多样化特征,对民主、法治、公平、正义、安全、环境等方面的要求在不断增长。在解决了有饭吃、有学上、有房住的需求后,人民群众对过上更美好的物质文化生活有了新的向往,这个向往就是习近平总书记所描绘的"我们的人民热爱生活,期盼有更好的教育、更稳定的工作、更满意的收入、更可靠的社会保障、更高水平的医疗卫生服务、更舒适的居住条件、更优美的环境,期盼孩子们能成长得更好、工作得更好、生活得更好"②。所有这些向往都离不开教育发展所提供的人才支持。当前,契合人民群众对美好生活的向往,就是要多谋民生之利,多解民生之忧;在发展中补齐民生短板,促进社会公平正义;在幼有所育、学有所教、劳有所得、病有所

---

① 马克思,恩格斯. 马克思恩格斯选集:第 1 卷 [M]. 2 版. 北京:人民出版社,1995:283.
② 中共中央文献研究室. 十八大以来重要文献选编:上 [M]. 北京:中央文献出版社,2014:70.

医、老有所养、住有所居、弱有所扶上不断取得新进展，保证全体人民有更多的获得感和幸福感。教育处于民生之首和民生之基，是人民对美好生活向往的重要内容。孩子是家庭的未来和希望，在进入小康逐步富起来、孩子实现了"有学上"向"上好学"的转变后，教育契合了人民群众的向往，即着力解决好教育发展不平衡、不充分的问题，推进教育公平，努力让14亿多人民享有更好更公平的教育。

实现中华民族伟大复兴的中国梦，归根结底靠人才、靠教育

习近平总书记指出："'两个一百年'奋斗目标的实现、中华民族伟大复兴中国梦的实现，归根到底靠人才、靠教育。源源不断的人才资源是我国在激烈的国际竞争中的重要潜在力量和后发优势。"① 这一论断将人才放在实现"两个一百年"奋斗目标、中华民族伟大复兴中国梦历史使命的核心关键位置，将教育视为人才培养的重要渠道与可依赖路径。

一、实现中华民族伟大复兴的中国梦，教育是基础，人才是关键

实现中华民族伟大复兴是近代以来中华民族最伟大的梦想，是关于中国梦的具体定义。要实现这一伟大梦想，必须进行伟大斗争、建设伟大工程、推进伟大事业②。"为了实现中国梦，我们确立了'两个一百年'奋斗目标。"③ "两个一百年"奋斗目标是中华民族伟大复兴梦想的具体表现形式，是"四个伟大"的核心内容。实现中华民族伟大复兴的中国梦，教育是基础，人才是关键。

（一）实现中华民族伟大复兴的中国梦，教育是基础

教育是实现"两个一百年"奋斗目标的关键环节。习近平总

---

① 习近平. 做党和人民满意的好老师：同北京师范大学师生代表座谈时的讲话 [M]. 北京：人民出版社，2014：3.
② 习近平. 决胜全面建成小康社会 夺取新时代中国特色社会主义伟大胜利：在中国共产党第十九次全国代表大会上的报告 [M]. 北京：人民出版社，2017.
③ 习近平. 在中法建交五十周年纪念大会上的讲话 [N]. 人民日报，2014-03-29.

实现中华民族伟大复兴的中国梦，归根结底靠人才、靠教育

书记指出："时代越是向前，知识和人才的重要性就愈发突出，教育的地位和作用就愈发凸显。我国正处于历史上发展最好的时期，但要实现'两个一百年'奋斗目标、实现中华民族伟大复兴的中国梦，必须更加重视教育，努力培养出更多更好能够满足党、国家、人民、时代需要的人才。"①

发展教育是解决新时期经济社会主要矛盾的关键。党的十九大报告指出："中国特色社会主义进入新时代，我国社会主要矛盾已经转化为人民日益增长的美好生活需要和不平衡不充分的发展之间的矛盾。"② 教育作为重要的民生工程，亟待适应人民对美好生活的要求，因此，必须全面提升教育质量，保障教育公平，办人民满意的教育，进一步满足人民"有学上，上好学"的美好生活向往。

教育承担着推动构建人类命运共同体的使命和任务。推动构建人类命运共同体与实现中华民族伟大复兴的中国梦紧密相连，是新时代中华民族伟大复兴的中国梦在全球治理中的自然延伸与具体体现。"中国共产党所做的一切，就是为中国人民谋幸福、为中华民族谋复兴、为人类谋和平与发展。我们要把自己的事情做好，这本身就是对构建人类命运共同体的贡献。我们也要通过推动中国发展给世界创造更多机遇，通过深化自身实践探索人类社会发展规律并同世界各国分享。"③ 推动构建人类命运共同体的核心是合作共赢，在多元文化交织并存的今天，要想实现国与国之

---

① 中共中央文献研究室. 习近平关于社会主义社会建设论述摘编 [M]. 北京：中央文献出版社，2017：58.
② 习近平. 决胜全面建成小康社会 夺取新时代中国特色社会主义伟大胜利：在中国共产党第十九次全国代表大会上的报告 [M]. 北京：人民出版社，2017：11.
③ 习近平. 携手建设更加美好的世界：在中国共产党与世界政党高层对话会上的主旨讲话 [N]. 人民日报，2017-12-02.

间"各美其美,美人之美,美美与共,天下大同"的美好心愿,教育发挥着至关重要的作用。一方面,"通过普及教育,启迪心智,传承知识,陶冶情操,使人们在持续的格物致知中更好认识各种文明的价值,让教育为文明传承和创造服务"①。教育作为传播文化、思想、价值观念的载体,能够潜移默化地培养求同存异的合作共赢精神,将人类命运共同体思想融入各国文化之中,实现本国发展的同时兼顾他国合理关切。另一方面,人类命运共同体作为中国智慧的重要体现,能在教育中得到不断的探索和实践,不断形成中国经验,"为世界和平与发展不断贡献中国智慧、中国方案、中国力量"②。

教育支撑社会主义现代化建设的功能越来越为党和国家所高度重视。邓小平指出:"我们要实现现代化,关键是科学技术要能上去。发展科学技术,不抓教育不行。"江泽民指出:"实施科教兴国战略,是关系我们改革成功、国家强盛和民族振兴的重大决策。"胡锦涛指出:"优先发展教育是党和国家长期坚持的一项重大方针。"党和国家领导人上述重要论述均建立起"教育—人才—科技—现代化"之间的逻辑关系,将教育视为中国特色社会主义现代化事业建设的关键环节。习近平总书记更是将教育定位为实现中华民族伟大复兴中国梦、推动构建人类命运共同体的决定性因素。他认为,"教育是提高人民综合素质、促进人的全面发展的重要途径,是民族振兴、社会进步的重要基石,是对中华民族伟大复兴具有决定性意义的事业"。习近平总书记指出了教育在服务"两个一百年"奋斗目标中的关键作用。"教育决定着人类的今天,也决定着人类的未来。人类社会需要通过教育不断培养社会需要

---

① 习近平. 在联合国教科文组织总部的演讲 [N]. 人民日报,2014-03-28.
② 习近平. 在庆祝改革开放40周年大会上的讲话 [N]. 人民日报,2018-12-19.

的人才,需要通过教育来传授已知、更新旧知、开掘新知、探索未知,从而使人们能够更好认识世界和改造世界、更好创造人类的美好未来。"教育事业发展中,国家能够建设丰富充盈的人才储备库,为社会主义建设源源不断输送人才。教育事业的发展有助于培育新的经济增长点,极大地促进生产力的发展。教育发展有助于社会主义精神文明建设,引领社会进步,提高人民物质文化生活水平,实现全面建成小康社会和社会主义现代化强国的目标。

(二)实现中华民族伟大复兴的中国梦,人才是关键

1. 人才是实现中国梦的战略资源

在马克思主义教育思想中,劳动者是推动生产力发展的主导因素。马克思主义认为,生产力是人们的实践能力的结果,它主要涉及劳动者、劳动对象和劳动工具等生产要素,在这些要素中,劳动对象和劳动工具等都因劳动者发生变化,所以,劳动者是生产力中最活跃也是最重要的因素。马克思说:"各种经济时代的区别,不在于生产什么,而在于怎样生产,用什么劳动资料生产。"[1] 列宁说:"全人类的首要的生产力就是工人,劳动者。"[2] 新中国成立后,毛泽东提出"生产力有两项,一项是人,一项是工具。工具是人创造的"[3]。发展生产力离不开科技进步,科技进步离不开劳动者劳动能力的提高。

我国实施人才强国战略。在建设中国特色社会主义伟大事业中加快建设创新型国家,要把人才作为推进事业发展的关键因素,

---

[1] 马克思,恩格斯. 马克思恩格斯选集:第2卷[M]. 3版. 北京:人民出版社,2012:172.
[2] 列宁. 列宁全集:第36卷[M]. 北京:人民出版社,1985:346.
[3] 中共中央文献研究室. 毛泽东著作专题摘编:上[M]. 北京:中央文献出版社,2003:160.

努力造就数以亿计的高素质劳动者、数以千万计的专门人才和一大批拔尖创新人才，建设规模宏大、结构合理、素质较高的人才队伍，开创人才辈出、人尽其才的新局面，把我国由人口大国转化为人才资源强国，大力提升国家核心竞争力和综合国力，完成全面建设小康社会的历史任务，实现中华民族的伟大复兴①。当今世界各国的竞争，从本质上讲是民族素质和人才的竞争，人力资源已经被公认为社会进步和发展的根本推动力量，人才的建设是国家竞争力发展的关键因素，实行人才先行、教育优先的原则，才能将我国亿万人口优势发挥出来，培养和创造数以万计的高素质劳动者、专门技术人才，把"人口大国"变为"人才强国"，为社会主义社会各方面的建设提供根本上的智力支持与人才保障。习近平总书记强调指出，"致天下之治者在人才"，没有一支宏大的高素质人才队伍，全面建成小康社会的奋斗目标和中华民族伟大复兴的中国梦就难以顺利实现。

在新的历史方位下，人才是实现"两个一百年"奋斗目标与中华民族伟大复兴中国梦的战略资源。首先，实现教育现代化、建设教育强国依靠高水平人才。习近平总书记将我国教育发展的理想表述为"发展具有中国特色、世界水平的现代教育"，实现教育发展理想根本在人才。只有把人才作为推动经济社会发展的战略性、先导性、全局性资源，不断培养人才、储备人才、引进人才并且人尽其才、才尽其用，培育出一支具有现代化理念、现代化技能的高水平人才队伍，才能实现我国由教育大国向教育强国的转变。

其次，建设创新型国家和世界科技强国需要更多高素质人才。

---

① 中共中央国务院关于进一步加强人才工作的决定[EB/OL]. 中国政府网，2003-12-26.

创新是建设现代化强国的必然选择，世界上的现代化强国无一不是创新强国、科技强国。创新需要特殊优秀人才；创新能力不足，创新人才特别是科技领军人才匮乏，是我国这个经济大个头的"阿喀琉斯之踵"。习近平总书记指出，创新之道，唯在得人，要营造良好创新环境，加快形成有利于人才成长的培养机制、使用机制、激励机制、竞争机制，"培植好人才成长的沃土，让人才根系更加发达，一茬接一茬茁壮成长"[①]。培养出更多高素质创新型人才、领军人才和拔尖人才，才能更好地担负起实现中华民族伟大复兴中国梦的大任。

最后，推动构建人类命运共同体需要高水平人才。习近平总书记将教育提升到促进人类和平与发展的高度，强调教育应该促进各国学生确立为人类和平与发展贡献智慧和力量的远大志向。我国在对外开放不断升级、与世界各国交流合作日渐加强的过程中，必然需要大量具有文化理解能力的高水平人才，依靠他们实现文化交流、文化和谐共存、文化互学互鉴、民心相通，依靠他们阐释热爱和平、维护正义、共同进步的中国情怀。

2. 党和国家提出新时代人才培养的新标准、新要求

中国特色社会主义进入新时代，党和国家事业发展对教育的需要、对科学知识和优秀人才的需要，比以往任何时候都更为迫切。在新的历史方位下，高端人才必须与社会生产需求高度契合，必须兼具精神品质、技能水平、创新能力。党的十九大报告对新时代党和国家需要的人才进行了描述，即"培养造就一大批具有国际水平的战略科技人才、科技领军人才、青年科技人才和高水平创新团队"，"建设知识型、技能型、创新型劳动者大军"等。

---

① 习近平. 在中国科学院第十九次院士大会、中国工程院第十四次院士大会上的讲话［M］. 北京：人民出版社，2018：20.

可见，习近平总书记将高端人才定位为服务于实现"两个一百年"奋斗目标、中华民族伟大复兴中国梦的劳动者：在精神品质上，具备劳模精神和工匠精神，崇尚劳动光荣和精益求精的敬业精神；在技能水平上，掌握高端的现代化知识与技能，主动适应社会行业对学术型、应用型、技能型及复合型人才的需求；在创新素养上，努力成长为创新创业拔尖人才。

在新的历史方位下，人才培养机制应更为开放。按照人才成长规律改进人才培养机制，为人才发挥作用、施展才华提供更加广阔的天地。党的十八大以来，习近平总书记多次强调，要深化教育改革，推进素质教育，创新教育方法，提高人才培养质量，努力形成有利于创新人才成长的育人环境。"避免急功近利、拔苗助长。要坚持竞争激励和崇尚合作相结合，促进人才资源合理有序流动……完善好人才评价指挥棒作用。"党的十八大以来特别是十九大以后，党和国家从多个维度对人才培养标准提出了新的要求[①]：一是把立德树人作为教育根本任务，将培育和践行社会主义核心价值观融入国民教育的全过程。二是提出创新发展理念和培养创新型人才的问题，指出"着重培养创新型、复合型、应用型人才"，将创新能力和创造性作为我国人才培养的关键能力。三是提出了教育"为人民服务、为中国共产党治国理政服务、为巩固和发展中国特色社会主义制度服务、为改革开放和社会主义现代化建设服务"[②]的教育"四为"要求，突出了人才培养的社会主义方向性。四是要求重视学生核心素养的发展，培养学生必备品格和关键能力，并将其作为培育和践行社会主义核心价值观、

---

① 刘复兴. 试论新时代我国基础教育的结构性变革［J］. 教育研究，2018，39（10）：57-63.

② 十八大以来治国理政新成就：上册［M］. 北京：人民出版社，2017：34.

落实立德树人根本任务、培养时代新人的重要标准。五是提出了"培养担当民族复兴大任的时代新人"的重大命题,反映了新时代中国特色社会主义思想精神实质对于人才培养的高标准要求,强调了时代新人的担当精神与社会责任感。六是将劳动教育作为人才培养的基本内容和根本途径,重申了教育与生产劳动相结合的马克思主义关于人的全面发展的理论。

二、培养中国特色社会主义事业建设者和接班人

"培养什么人"是教育的首要问题。我国是中国共产党领导的社会主义国家,这就决定了我们的教育必须把培养德智体美劳全面发展的社会主义建设者和接班人作为根本目标,培养一代又一代拥护中国共产党领导和中国特色社会主义制度、立志为中国特色社会主义事业奋斗终身的有用人才。"怎样培养人"是开展教育工作的根本路径,各级各类教育要坚持立德树人,发挥社会主义核心价值观在人才培养中的引领作用。

(一)必须把培养中国特色社会主义事业建设者和接班人作为根本任务

"国势之强由于人,人材之成出于学。"习近平总书记在北京大学师生座谈会上提道:"古今中外,关于教育和办学,思想流派繁多,理论观点各异,但在教育必须培养社会发展所需要的人这一点上是有共识的。培养社会发展所需要的人,说具体了,就是培养社会发展、知识积累、文化传承、国家存续、制度运行所要求的人。所以,古今中外,每个国家都是按照自己的政治要求来培养人的,世界一流大学都是在服务自己国家发展中成长起来的。

我国社会主义教育就是要培养社会主义建设者和接班人。"

各级各类学校要紧紧围绕"培养什么人"这一根本问题,在坚定理想信念上下功夫、在厚植爱国主义情怀上下功夫、在加强品德修养上下功夫、在增长知识见识上下功夫、在培养奋斗精神上下功夫、在增强综合素质上下功夫,树立健康第一的教育理念,全面加强和改进学校美育,在学生中弘扬劳动精神,"以凝聚人心、完善人格、开发人力、培育人才、造福人民为工作目标,培养德智体美劳全面发展的社会主义建设者和接班人"[①]。培养一代又一代拥护中国共产党领导和中国特色社会主义制度、立志为中国特色社会主义事业奋斗终身的有用人才,既是教育工作的根本任务,也是我国各级各类学校的共同使命;既是新时代我们党的教育方针,也是教育现代化的方向目标。

(二) 坚持立德树人,发挥社会主义核心价值观在人才培养中的引领作用

1. 把立德树人作为教育的根本任务

立德树人是中国当前教育发展的重要指导思想之一,党的十八大报告指出,"把立德树人作为教育的根本任务,培养德智体美全面发展的社会主义建设者和接班人","立德树人"首次确立为教育的根本任务[②]。立德树人,要求教育不仅是传授学科知识、培养能力和技术,还要尤其重视学生的思想品德教育。党的十九大报告指出,"要全面贯彻党的教育方针,落实立德树人根本任

---

① 习近平在全国教育大会上强调 坚持中国特色社会主义发展道路 培养德智体美劳全面发展的社会主义建设者和接班人 [N]. 人民日报,2018-09-11.

② 胡锦涛. 坚定不移沿着中国特色社会主义道路前进 为全面建成小康社会而奋斗:在中国共产党第十八次全国代表大会上的报告 [M]. 北京:人民出版社,2012.

务，发展素质教育，推进教育公平，培养德智体美全面发展的社会主义建设者和接班人"，突出强调了"立德树人"对人的全面发展的促进、保障和引领作用。

"立德树人"具有三个层面的深刻含义：一是立德树人揭示了教育的本质，是党和国家对教育本质的最新认识。作为人类社会现象的教育，其本质是培养人，这是古今中外的共同认识。党的十八大把立德树人作为教育的根本任务，无疑是对教育如何培养人这一本质的新认识。二是立德树人揭示了德育在人的全面发展教育中的突出地位，强调促进人的德性成长是教育的首要任务。按照党的十八大报告提出的立德树人的要求，教育在促进人的社会化的过程中，最根本的是促进人的社会属性，即道德属性的成长，这是人之所以为人（区别于动物）的本质属性。三是立德树人揭示了道德发展与人的全面发展的辩证关系，强调德性成长是人的全面发展的根本保障。新中国成立以来，党的教育方针历来强调教育要促进人的全面发展。党的十八大以来，以习近平同志为核心的党中央关于立德树人和人才培养目标的一系列论述，突出强调了德性成长对人的全面发展的促进和保障作用，体现了党对教育规律的深刻认识。

习近平总书记指出，"要把立德树人融入思想道德教育、文化知识教育、社会实践教育各环节，贯穿基础教育、职业教育、高等教育各领域"[①]，"旗帜鲜明加强思想政治教育、品德教育，加强社会主义核心价值观教育，引导学生自尊自信自立自强"[②]。

---

① 习近平在全国教育大会上强调 坚持中国特色社会主义发展道路 培养德智体美劳全面发展的社会主义建设者和接班人［N］. 人民日报，2018-09-11.
② 中共中央文献研究室. 习近平关于社会主义社会建设论述摘编［M］. 北京：中央文献出版社，2017：58.

"用中国梦打牢广大青少年的共同思想基础,教育和帮助青少年树立正确的世界观、人生观、价值观,永远热爱我们伟大的祖国,永远热爱我们伟大的人民,永远热爱我们伟大的中华民族,坚定跟着党走中国道路。"①

培养德智体美劳全面发展的社会主义建设者和接班人,关乎社会主义现代化建设和中华民族伟大复兴事业,是全社会共同的责任。要继续落实立德树人的根本任务,发展素质教育,发挥社会主义核心价值观在人才培养中的引领作用。人才培养一定是育人和育才相统一的过程,而育人是本。人无德不立,育人的根本在于立德。这是人才培养的辩证法。办学就要尊重这个规律,否则就办不好学。要把立德树人的成效作为检验学校一切工作的根本标准,真正做到以文化人、以德育人,不断提高学生思想水平、政治觉悟、道德品质、文化素养,做到明大德、守公德、严私德。要把立德树人内化到学校建设和管理各领域、各方面、各环节,做到以树人为核心,以立德为根本。

2. 发挥社会主义核心价值观的引领作用

核心价值观是一个国家广泛的价值共识和共同的价值追求,具有强大的凝聚力感召力,是一个国家的重要稳定器,是一个民族最深层的精神追求,是全社会共同的价值认同,体现着一个社会评判是非曲直的价值标准。党的十八大首次凝练了"富强、民主、文明、和谐,自由、平等、公正、法治,爱国、敬业、诚信、友善"的十二个词二十四个字的社会主义核心价值观,标志着中国特色社会主义事业建设过程中又一个重大的理论创新。2014年,习近平在十八届中央政治局第十三次集体学习会上强调指出,

---

① 习近平. 习近平谈治国理政 [M]. 北京:外文出版社,2014:53.

实现中华民族伟大复兴的中国梦，归根结底靠人才、靠教育

"要切实把社会主义核心价值观贯穿于社会生活方方面面。要通过教育引导、舆论宣传、文化熏陶、实践养成、制度保障等，使社会主义核心价值观内化为人们的精神追求，外化为人们的自觉行动"[1]。在这次讲话中，习近平总书记还特别指出，社会主义核心价值观教育，"要从娃娃抓起、从学校抓起，做到进教材、进课堂、进头脑"[2]。

要实现"两个一百年"奋斗目标，实现中华民族伟大复兴的中国梦，必须培育和践行社会主义核心价值观。习近平总书记高度重视社会主义核心价值观在人才培养中的引领作用，并从"大德、公德、私德"三个层次揭示了社会主义核心价值观的本质，他认为应把"德治""贤治"放在才与能的首位，强调"德"从一开始就要培育好，而这个"德治，包括大德、公德和私德"。"核心价值观，其实就是一种德，既是个人的德，也是一种大德，就是国家的德、社会的德。国无德不兴，人无德不立。"[3] 习近平总书记始终把"德"与社会主义核心价值观紧密联系起来。2014年5月4日，在北京大学师生座谈会上的讲话中，他强调："青年要从现在做起、从自己做起，使社会主义核心价值观成为自己的基本遵循，并身体力行大力将其推广到全社会去。"同时，要求当代少年儿童"把社会主义核心价值观的基本内容熟记熟背，让它们融化在心灵里、铭刻在脑子中……在成长过程中，要结合学习和生活等实践，不断想想所记住的这些要求，不断加深理解"。

百年大计，教育为先，教书育人，以德为先。要强调社会主义核心价值观对于教育的重要意义，并用"立德树人"为更好的

---

① 习近平. 习近平谈治国理政 [M]. 北京：外文出版社，2014：164.
② 同①164－165.
③ 同①168.

教育打上精神底色。因此，教育要始终把立德树人和社会主义核心价值观教育作为核心任务，按照培养德智体美劳全面发展的社会主义建设者和接班人的总要求构建全面培养的教育体系。学科体系、教学体系、教材体系、管理体系的建设要围绕这个核心任务，着重培养学生的坚定理想信念和爱国主义情怀，加强学生品德修养，增长学生知识见识，培养学生奋斗精神，增强学生综合素质，树立加强德育的理念，全面加强和改进学校美育，在学生中弘扬劳动精神。尤其是要进一步强化体育、美育在人才培养体系中的地位和作用；高度重视劳动教育，全面研究新时代实施劳动教育的一系列理论与实践问题，全面设计、建设劳动教育的制度体系；务必把教育体系的建构放在信息化、智能化的时代背景中考量，实现全面培养的教育体系与信息化、智能化体系及其技术创新的全面的、广泛的深度融合[①]。引导广大师生做社会主义核心价值观的坚定信仰者、积极传播者、模范践行者，为中国特色社会主义事业培育更多德才兼备、全面发展的建设者和接班人。

（三）坚持"四为"方针，落实新时代关于教育"为谁培养人"的新要求

习近平总书记从党和国家发展的战略高度，紧紧围绕"为谁培养人"这一根本问题，提出教育要坚持"为人民服务、为中国共产党治国理政服务、为巩固和发展中国特色社会主义制度服务、为改革开放和社会主义现代化建设服务"。"四为"方针的首次提出，丰富和发展了我们党的"双为"教育方针，创新和发展了我们党对人才培养目标的根本要求，是对全面建成小康社会新时期

---

① 刘复兴. 试论新时代我国基础教育的结构性变革［J］. 教育研究，2018，39（10）.

我国教育方针的新诠释。

1. 为人民服务是教育工作必须遵循的根本宗旨

为人民服务，是我们党的根本宗旨。党的十八届五中全会首次提出要着力践行以人民中心的发展思想和"共享发展"理念，以人民为中心的发展思想，体现了我们党全心全意为人民服务的根本宗旨，体现了人民是推动发展的根本力量的唯物史观。它不是一个抽象的、玄奥的概念，不能只停留在口头上、止步于思想环节，而是要体现在经济社会发展的各个环节。在践行以人民为中心的发展思想时，习近平总书记提出"共享发展"理念，即"坚持共享发展，必须坚持发展为了人民，发展依靠人民，发展成果由人民共享，做出更有效的制度安排，使全体人民在共建共享发展中有更多获得感，增强发展动力，增进人民团结，朝着共同富裕的方向稳步前进"[1]。做到全民共享、全面共享、共建共享、渐进共享。全面调动人民群众的积极性、主动性、创造性，充分发扬民主，广泛汇聚民智，最大限度激发民力，形成人人参与、人人尽力、人人都有成就感的生动局面。"共享发展"理念的首次提出，践行和提升了我们党全心全意为人民服务的宗旨和内涵，丰富和发展了我国在全面建成小康社会新时期关于社会公平正义与教育公平的思想理念，把我国社会公平正义和教育公平的理念、政策与实践推向了一个新的高度。

"治国有常，而利民为本。"发展社会事业，要始终坚持人民主体地位，顺应人民群众对美好生活的向往，不断实现好、维护好、发展好最广大人民的根本利益。教育作为社会发展的一部分，涉及人民群众的切身利益，要切实践行以人民为中心的发展思想

---

[1] 中国共产党第十八届中央委员会第五次全体会议文献汇编[M]．北京：人民出版社，2015：19．

和"共享发展"理念。共享高质量教育是全面建成小康社会的奋斗目标之一,也是小康社会中国人民的共同期盼。习近平总书记指出:"我们的人民热爱生活,期盼有更好的教育、更稳定的工作、更满意的收入、更可靠的社会保障、更高水平的医疗卫生服务、更舒适的居住条件、更优美的环境,期盼孩子们能成长得更好、工作得更好、生活得更好。人民对美好生活的向往,就是我们的奋斗目标。"[①] 要不断完善教育体制机制,提升教育质量,促进教育公平发展,使发展成果更多更公平惠及全体人民,"努力让每个孩子享有受教育的机会,努力让十三亿人民享有更好更公平的教育,获得发展自身、奉献社会、造福人民的能力"[②]。着力解决人民群众最关心的教育热点问题,解决人民群众"上好学"的教育需求。同时"优化教育资源配置,逐步缩小区域、城乡、校际差距,特别是要加大对革命老区、民族地区、边远地区、贫困地区基础教育的投入力度,保障贫困地区办学经费,健全家庭困难学生资助体系。要推进教育精准脱贫,重点帮助贫困人口子女接受教育,阻断贫困代际传递,让每一个孩子都对自己有信心、对未来有希望"[③]。

2. 为中国共产党治国理政服务是教育工作义不容辞的责任担当

教育要为中国共产党治国理政服务,是我们党实现长期执政的需要。

中国共产党领导是中国特色社会主义最本质的特征,是中国特色社会主义制度的最大优势。加强党对教育工作的全面领导,

---

① 习近平. 习近平谈治国理政 [M]. 北京:外文出版社,2014:4.
② 同①191.
③ 习近平. 习近平谈治国理政:第2卷 [M]. 北京:外文出版社,2017:366.

实现中华民族伟大复兴的中国梦，归根结底靠人才、靠教育

全面贯彻党的教育方针，是办好教育的根本保证。各级教育行政主管部门和各级各类学校的党组织要增强"四个意识"、坚定"四个自信"。坚定不移维护党中央全面和集中统一领导，自觉在政治立场、政治方向、政治原则、政治道路上同党中央保持高度一致。各级党委要把教育改革发展纳入议事日程，党政主要负责同志要熟悉教育、关心教育、研究教育。各级各类学校党组织要把抓好学校党建工作作为办学治校的基本功，把党的教育方针全面贯彻到学校工作各方面。紧紧抓住思想政治工作这一学校各项工作的生命线，各级党委、各级教育行政主管部门、学校党组织都必须紧紧抓在手上。要精心培养和组织一支会做思想政治工作的政工队伍，把思想政治工作做在日常、做到个人。

我国是中国共产党领导的社会主义国家，这就决定了我们的教育是为中国共产党治国理政培养人才，培养一代又一代拥护中国共产党领导和中国特色社会主义制度、立志为中国特色社会主义事业奋斗终身的有用人才，这是教育的根本任务，也是教育现代化的方向目标。落实立德树人机制，将立德树人贯穿到育人的全过程；深化办学体制和教育管理改革，充分激发教育事业发展生机活力；提升教育服务经济社会发展能力和服务创新发展能力，培养更多适应高质量发展的各类人才；调整优化高校区域布局、学科结构、专业设置，建立健全学科专业动态调整机制；加快"双一流"建设，发挥高校在强化基础研究和原始创新、突破关键核心技术中的重要作用，推进产学研协同创新，积极投身实施创新驱动发展战略，着重培养创新型、复合型、应用型人才；要扩大教育开放，携手推进"一带一路"建设，同世界一流教学机构开展高水平合作办学。

3. 为巩固和发展中国特色社会主义制度服务是教育工作必须坚持的价值原则

中国特色社会主义制度是我们党在探索中国特色社会主义历史发展和伟大实践中确立的，是符合中国国情的，是人类社会发展的历史必然，是人民的选择。习近平总书记明确指出："中国特色社会主义制度是当代中国发展进步的根本制度保障，是具有鲜明中国特色、明显制度优势、强大自我完善能力的先进制度。"[①] 我们必须坚持完善和发展中国特色社会主义制度，不断发挥和增强我国制度优势。为解放和发展社会生产力、解放和增强社会活力、永葆党和国家生机活力提供有力保证；为保持社会大局稳定、保证人民安居乐业、保障国家安全提供有力支撑；为放手让一切劳动、知识、技术、管理、资本等要素的活力竞相迸发，让一切创造社会财富的源泉充分涌流不断建立了充满活力的体制机制。

在改革开放的进程中，我国逐步确立公有制为主体、多种所有制经济共同发展的基本经济制度；进一步完善人民代表大会制度这一根本政治制度；坚持党的领导、人民当家作主、依法治国有机统一；完善中国共产党领导的多党合作和政治协商制度、民族区域自治制度、基层群众自治制度等基本政治制度；逐步完善以这些基本制度为基础的经济体制、政治体制、文化体制、社会体制、生态文明体制等各项体制机制，构建起一整套较为科学系统的制度体系，共同致力于中国特色社会主义建设。坚决破除一切妨碍发展的体制机制障碍和利益固化藩篱，加快形成系统完备、科学规范、运行有效的制度体系。不断加强中国特色社会主义制度自信教育，推动中国特色社会主义制度更加成熟更加定型。

---

① 习近平. 习近平谈治国理政：第2卷［M］. 北京：外文出版社，2017：36.

实现中华民族伟大复兴的中国梦，归根结底靠人才、靠教育

教育要为巩固和发展中国特色社会主义制度服务，要引导学生正确认识中国特色社会主义制度的优越性，自觉践行和维护中国特色社会主义制度，增强制度自信，增强责任感和使命感；要继续深化教育体制机制改革，加快教育领域综合改革，解决推进"四个伟大"的动力机制，实现全面深化改革总目标；要持续推进教育治理体系和治理能力现代化，完善中国特色社会主义教育制度和中国特色社会主义制度，为党和国家事业发展，为人民幸福安康，为社会和谐稳定，为国家长治久安提供更完备、更稳固、更长效的制度体系。

4. 为改革开放和社会主义现代化建设服务是检验教育工作成效的试金石

改革开放是时代最强音，是强国之路，是实现中华民族伟大复兴的必由之路。社会主义现代化建设是我们的根本任务，是实现全面小康社会的需要，是建设社会主义现代化强国的需要，是不断增进人民福祉的需要。教育要为改革开放和社会主义现代化建设服务，是历史的选择、人民的期盼、时代的需要。

我们党做出实行改革开放的历史性决策，是基于对党和国家前途命运的深刻把握，是基于对社会主义革命和建设实践的深刻总结，是基于对时代潮流的深刻洞察，是基于对人民群众期盼和需要的深刻体悟。"我国 30 多年来的发展成就得益于对外开放。一个国家能不能富强，一个民族能不能振兴，最重要的就是看这个国家、这个民族能不能顺应时代潮流，掌握历史前进的主动权。"[①] 40 多年的实践充分证明，改革开放是党和人民大踏步赶上时代的重要法宝，是坚持和发展中国特色社会主义的必由之路，

---

① 习近平. 习近平谈治国理政：第 2 卷 [M]. 北京：外文出版社，2017：210.

是决定当代中国命运的关键一招，也是决定实现"两个一百年"奋斗目标、实现中华民族伟大复兴中国梦的关键一招。40多年来，我国综合国力得到极大的提升，社会各项事业得到极大的发展，国际地位和国际话语权极大提高。习近平总书记强调要着力形成对外开放新体制，更好地"走出去"，讲好"中国故事"，贡献"中国智慧"和"中国方案"，为推动构建人类命运共同体努力奋斗。

中国特色社会主义道路是由中国人民选择的，是在总结历史发展经验的基础上发展起来的。新民主主义革命和社会主义革命的历史经验证明，只有社会主义才能救中国。改革开放40多年来取得的一系列伟大的历史性成就证明只有中国特色社会主义才能发展中国。党的十八大特别是党的十九大以来，党中央团结带领全党全国各族人民，全面审视国际国内新的形势，通过总结实践、展望未来，深刻回答了新时代坚持和发展什么样的中国特色社会主义、怎样坚持和发展中国特色社会主义这个重大时代课题，形成了习近平新时代中国特色社会主义思想。习近平总书记指出：所谓的"中国模式"是中国人民在自己的奋斗实践中创造的中国特色社会主义道路。党的十九大指出，中国特色社会主义进入了新时代，这是我国发展新的历史定位。要全面把握中国特色社会主义进入新时代的新要求，不断提高党和国家事业发展水平。提高战略思维能力、创新思维能力、辩证思维能力、法治思维能力、底线思维能力，顺利实现"两个一百年"奋斗目标，全面建成小康社会，加快推进社会主义现代化，实现中华民族伟大复兴的中国梦。更好推进中国特色社会主义伟大事业和党的建设新的伟大工程，团结带领全国各族人民奋力谱写全面建成小康社会、全面建设社会主义现代化国家新篇章。

教育在发展和改革中，要始终做到为改革开放和社会主义现代化建设事业服务，将教育规划绘入改革开放和社会主义现代化建设事业的宏伟蓝图中，始终探索和坚持中国特色社会主义教育发展道路，坚持实践是检验真理的唯一标准，锐意进取，大胆探索，敢于和善于分析、回答现实生活中和群众思想上迫切需要解决的教育问题，不断推进理论创新、实践创新、制度创新，持续为改革开放和社会主义现代化事业建设提供不竭动力。

教育要培养担当民族复兴大任的时代新人

一、培养时代新人的必要性和意义

习近平总书记在全国教育大会上指出:"培养什么人,是教育的首要问题。我国是中国共产党领导的社会主义国家,这就决定了我们的教育必须把培养社会主义建设者和接班人作为根本任务,培养一代又一代拥护中国共产党领导和我国社会主义制度、立志为中国特色社会主义奋斗终身的有用人才。这是教育工作的根本任务,也是教育现代化的方向目标。"① 党的十八大以来,以习近平同志为核心的党中央站在党和国家事业发展的战略高度,始终关注、关心青年学生的成长,围绕"培养什么人、怎样培养人、为谁培养人"② 的重要命题,系统回答了"为什么""做什么""怎么做""谁来做"等一系列理论和实践问题,为进一步推动教育事业发展,落实立德树人根本任务指明了方向,阐述了任务,明确了路径。

(一)党和国家提出人才培养的新要求

十八大以来特别是十九大以后,党和国家从多个维度对人才培养标准提出了新的要求。

一是把立德树人作为教育的根本任务,将培育和践行社会主义核心价值观融入国民教育的全过程。帮助学生树立正确的世界

---

①② 习近平. 坚持中国特色社会主义教育发展道路 培养德智体美劳全面发展的社会主义建设者和接班人[N]. 人民日报,2018-09-11.

观、人生观、价值观、荣辱观，是我国教育发展的必然选择，也是办好人民满意教育的根本。习近平总书记在多种场合反复强调立德树人，要求教育事业要"坚持把立德树人作为根本任务"，"坚持把立德树人作为中心环节"，"要落实立德树人根本任务，培养德智体美全面发展的社会主义建设者和接班人"。中华民族历来重视人才德育的培养，几千年的传统文化，塑造了中国传统教育立德树人的历史。《左传·襄公二十四年》载"太上有立德，其次有立功，其次有立言，虽久不废，此之谓不朽"。"立德、立功、立言"是人生三不朽。其中"立德"是第一位的，是中华民族的人生理想和价值追求。《论语》云"远人不服，则修文德以来之"，说明中华民族很早就意识到"德"的重要性。中华民族的伟大崛起，不是靠对外扩张，而是靠中华民族的传统美德。立德树人，是对中华民族传统美德的继承与发扬，是马克思主义中国化的内在要求，是新时代中国特色社会主义教育理论体系的灵魂。

二是提出创新发展理念和培养创新型人才的问题，指出"着重培养创新型、复合型、应用型人才"，将创新能力和创造性作为我国人才培养的关键能力。习近平总书记指出，"我国是一个发展中大国，目前正在大力推进经济发展方式转变和经济结构调整，正在为实现'两个一百年'奋斗目标而努力，必须把创新驱动发展战略实施好"[1]。"创新是一个民族进步的灵魂，是一个国家兴旺发达的不竭动力，也是中华民族最深沉的民族禀赋。在激烈的国际竞争中，惟创新者进，惟创新者强，惟创新者胜"[2]。培养创新型人才，是对我国创新能力不强、科技发展水平总体不高、科

---

[1] 中共中央文献研究室. 习近平关于科技创新论述摘编[M]. 北京：中央文献出版社，2016：4.

[2] 习近平. 习近平谈治国理政[M]. 北京：外文出版社，2014：59.

技对经济社会发展的支撑能力不足、科技对经济增长的贡献率远低于发达国家水平这一现状的深刻回应。新一轮科技革命带来的是更加激烈的科技竞争，如果科技创新搞不上去，发展动力就不可能实现转换，我们在全球经济竞争中就会处于下风。为此，我们必须把创新作为引领发展的第一动力，把人才作为支撑发展的第一资源，把创新摆在国家发展全局的核心位置，不断推进理论创新、制度创新、科技创新、文化创新等各方面创新，让创新贯穿党和国家一切工作，让创新在全社会蔚然成风。教育领域是培养创新人才摇篮，是为国家发展和社会发展提供人才动力的主要源泉，拥有一大批创新型青年人才，是国家创新活力之所在，也是科技发展希望之所在。

三是提出了教育"为人民服务、为中国共产党治国理政服务、为巩固和发展中国特色社会主义制度服务、为改革开放和社会主义现代化建设服务"[①] 的教育"四为"方针，突出了人才培养的社会主义方向性。教育事业不仅仅要向学生传授知识、技能，还要对学生首先进行意识形态教育。"四为"方针就是要在日常教育活动中，对学生进行关于马克思列宁主义、毛泽东思想、邓小平理论、"三个代表"重要思想、科学发展观、习近平新时代中国特色社会主义思想的教育，使他们形成一定的社会意识与政治品格。中国共产党能够历经挫折而不断奋起，历尽苦难而淬火成钢，归根到底在于千千万万中国共产党人心中的远大理想和革命信念始终坚定执着，始终闪耀着火热的光芒。中国共产党的传承与发展，在于一代又一代优秀的共产主义接班人，教导学生们"把理想信念建立在对科学理论的理性认同上，建立在对历史规律的正确认

---

① 习近平. 习近平谈治国理政：第3卷［M］. 北京：外文出版社，2020：328.

识上，建立在对基本国情的准确把握上"①，是教育在培养人的活动中的首要立场。

四是要求重视学生综合素质的发展，要求培养学生必备品格和关键能力，将其作为培育和践行社会主义核心价值观、落实立德树人根本任务、培养时代新人的重要标准。2014年，《教育部关于全面深化课程改革落实立德树人根本任务的意见》提出："要根据学生的成长规律和社会对人才的需求，把对学生德智体美全面发展总体要求和社会主义核心价值观的有关内容具体化、细化，深入回答'培养什么人、怎样培养人'的问题。教育部将组织研究提出各学段学生发展核心素养体系，明确学生应具备的适应终身发展和社会发展需要的必备品格和关键能力，突出强调个人修养、社会关爱、家国情怀，更加注重自主发展、合作参与、创新实践。"核心素养的提出，是教育事业对党和国家人才要求的具体回应，是对立德树人根本任务的细化，蕴含了全面发展的人的价值观，是我国人才培养规格的全面描述。该意见给出了现阶段人才培养方向的具体维度：必备品格主要包括勇于奋斗的精神、深沉的家国情怀、强健的体魄、良好的人文素养和科学素养；关键能力主要包括创新实践能力、自主发展能力和合作能力；情感态度价值观主要包括坚定的共产主义和中国特色社会主义理想信念、深厚的爱国主义情怀、社会主义核心价值观的认知认同与践行、劳动精神、积极健康的审美趣味。

五是提出了"培养担当民族复兴大任的时代新人"的重大命题，反映了新时代中国特色社会主义思想精神实质对于人才培养的高标准要求，强调了时代新人的担当精神与社会责任感。教育

---

① 习近平.习近平谈治国理政［M］.北京：外文出版社，2014：50.

事业影响并决定着接班人问题，影响并决定着国家的长治久安，影响并决定着民族复兴和国家崛起。目前，中国有 2.7 亿名在校青少年，他们正处在人生成长的关键时期，知识体系搭建尚未完成，情感心理尚未成熟，价值观塑造尚未成型，需要通过教育来培养。然而国际国内形势发生重大而深刻变化，马克思主义指导思想面临多样化社会思潮的挑战，社会主义核心价值观面临市场逐利性的挑战，培养社会主义建设者和接班人面临敌对势力渗透争夺的挑战，导致有些青少年存在理想信念模糊、社会责任不强、奋斗精神不足、心理素质脆弱等不容忽视的问题。对此，习近平总书记旗帜鲜明地指出："教育就是要培养中国特色社会主义事业的建设者和接班人，而不是旁观者和反对派。"

六是将劳动教育作为人才培养的基本内容和根本途径，重申了教育与生产劳动相结合的马克思主义关于人的全面发展的理论。马克思、恩格斯最初所说的人的全面发展，并不是指人在德、智、体、美、劳各方面都得到发展，而是指人的劳动能力的全面发展。马克思认为，人类历史是以人的物质劳动作为载体的历史，劳动在整个人类社会和社会历史的发展中处于关键性地位。人类劳动的基本价值主要表现为：劳动创造世界、劳动创造历史和劳动创造人本身。为了继承和发扬马克思主义教育思想，习近平总书记在全国教育大会上指出："培养德智体美劳全面发展的社会主义建设者和接班人"，"要在学生中弘扬劳动精神，教育引导学生崇尚劳动、尊重劳动，懂得劳动最光荣、劳动最崇高、劳动最伟大、劳动最美丽的道理，长大后能够辛勤劳动、诚实劳动、创造性劳动"。这些重要论述，重申了立德树人的根本任务，把"劳"纳入全面发展要求，丰富了新时代党的教育方针的内涵，丰富了德智体美劳"五育"并举的工作目标体系，对教育领域人才培养提出了具体要求，是对教育与生产劳动相结合的创新与发展。

人才培养的新标准、新要求突出了社会主义核心价值观的引领作用以及培养社会责任感与担当精神的重要意义，突出了新时代培养创新人才的要求，突出了人才培养的社会主义方向，回应了"培养什么人、怎样培养人、为谁培养人"这一根本问题。这一系列新的人才培养标准的提出，创新和发展了马克思主义关于人才培养目标的思想，是新时代教育履行自身重要使命的出发点。

（二）培养造就一代德智体美劳全面发展的社会主义建设者和接班人是事关党和国家前途命运的重大战略任务，是全党的共同政治责任

如何认识和看待青年与青年的培养，是马克思主义政党始终面临的理论与实践课题。在中国革命、建设、改革的各个历史时期，中国共产党始终高度重视青年、关怀青年、信任青年，对青年一代寄予殷切期望，提出严格要求。正如习近平总书记曾经指出的那样："中国共产党自成立之日起，就始终把青年工作作为党的一项极为重要的工作"，"党的队伍中始终活跃着怀抱崇高理想、充满奋斗精神的青年人，这是我们党历经百年风雨而始终充满生机活力的一个重要原因"①。中国共产党立志于中华民族复兴伟业，必须始终代表广大青年，赢得广大青年，依靠广大青年，用极大力量做好青年工作，确保党的事业薪火相传，确保中华民族永续发展。

青年一代的理想信念、精神状态、综合素质，是一个国家发展活力的重要体现，也是一个国家核心竞争力的重要因素。习近平总

---

① 习近平. 在纪念五四运动 100 周年大会上的讲话 [M]. 北京：人民出版社，2019：12.

坚持把服务中华民族伟大复兴作为教育的重要使命

书记曾经深刻指出,"青春理想,青春活力,青春奋斗,是中国精神和中国力量的生命力所在"。回首中国共产党成立以来的百年历史,我们不难发现,青春理想、青春活力和青春奋斗恰恰是中国共产党与生俱来的优秀基因,也是中国共产党领导中国人民从胜利走向胜利的基本经验。当代青年思想活跃、思维敏捷,观念新颖、兴趣广泛,探索未知劲头足,接受新生事物快,主体意识、参与意识强,对实现人生发展有着强烈渴望。这种青春天性赋予青年活力、激情、想象力和创造力,应该充分肯定。同时,青年人阅历不广,容易从自身角度、从理想状态的角度来认识和理解世界,难免给他们带来局限性。这是青年成长的规律,我们要尊重这个规律。提升青年一代的理想信念,要坚持关心厚爱和严格要求相统一、尊重规律和积极引领相统一,教育引导青年正确认识世界,全面了解国情,把握时代大势。既要理解青年所思所想,为他们驰骋思想打开浩瀚天空,也要积极教育引导青年,推动他们脚踏实地走上大有作为的广阔舞台。以包容的心态认可、引导青年一代,积极鼓励青年到艰苦的一线吃苦磨炼、增长才干,放手让青年在重要领域和重要岗位上攻坚克难、施展才华,积极为青年创造人人努力成才、人人皆可成才、人人尽展其才的发展条件。

党的十八大以来,习近平总书记用"实现中华民族伟大复兴,就是近代以来中华民族最伟大的梦想"的"中国梦"概括了中国共产党领导中国人民走中国特色社会主义道路的奋斗目标。习近平总书记曾明确指出:"现在,我们比历史上任何时期都更接近中华民族伟大复兴的目标,比历史上任何时期都更有信心、有能力实现这个目标。""实现中华民族伟大复兴,教育的地位和作用不可忽视。我们对高等教育的需要比以往任何时候都更加迫切,对科学知识和卓越人才的渴求比以往任何时候都更加强烈。"① 建成社会主义现代化强国，实现中华民族伟大复兴，是一场接力跑。培养造就一代德智体美劳全面发展的社会主义建设者和接班人，是这场接力赛取得成功的关键。改革开放以来，我国取得举世瞩目的成就，开创和发展了中国特色社会主义，为社会主义现代化建设提供了强大动力和有力保障，使我国的发展迈入了新阶段。新阶段需要新人才，教育要承担起培养社会人才的重任，从国家大局出发，培养担当时代使命，热爱祖国，信念坚定，本领过硬的实干奋斗者。"当代青年是同新时代共同前进的一代。我们面临的新时代，既是近代以来中华民族发展的最好时代，也是实现中华民族伟大复兴的最关键时代。"神圣的时代使命要求时代新人要将自己的理想同祖国的前途命运紧密联系在一起，努力培养勇于开拓、顽强拼搏的奋斗精神，在知行合一中锤炼真本领，使中华民族伟大复兴的中国梦在一代代青年的接力奋斗中成为现实。

党的十九大从新时代坚持和发展中国特色社会主义的战略高度，做出了优先发展教育事业、加快教育现代化、建设教育强国的重大部署。作为民族振兴、社会进步的重要基石，教育对提高人民综合素质、促进人的全面发展、增强中华民族创新创造活力、实现中华民族伟大复兴具有决定性的意义。习近平总书记反复阐述了为什么我们党要把全面贯彻党的教育方针摆在首位，要将培养社会主义建设者和接班人作为重大战略任务，把巩固和扩大党执政的青年基础作为政治责任："现在在高校学习的大学生都是20岁左右，到2020年全面建成小康社会时，很多人还不到30

---

① 习近平．习近平谈治国理政：第2卷［M］．北京：外文出版社，2017：376.

岁；到本世纪中叶基本实现现代化时，很多人还不到 60 岁。"也就是说，实现"两个一百年"奋斗目标，千千万万青年将参与其中，这是党和人民赋予青年一代的历史重任。"中华民族伟大复兴的中国梦终将在一代代青年的接力奋斗中变为现实。"

（三）培养时代新人是实现中华民族伟大复兴中国梦的迫切要求

一个时代有一个时代的主题，一代人有一代人的使命。当今中国共产党的历史使命，就是实现"两个一百年"奋斗目标、实现中华民族伟大复兴的中国梦。习近平总书记强调："'两个一百年'奋斗目标的实现、中华民族伟大复兴中国梦的实现，归根到底靠人才、靠教育。"

站在新的历史方位，我们既要看到中国特色社会主义进入新时代对党和国家工作提出的新要求，又要看到对人民特别是青年一代在政治觉悟、思想水平、文化素养、奋斗状态、精神状态等方面提出的新要求。只有造就一大批堪当大任、敢于创新、能做大事的青年人才和各类高素质劳动者，使人民素质与新时代要求相符合，才能为国家富强和民族复兴提供坚实的人才基础，也才能更好地引领广大人民群众坚定信心、强化自觉、提升素质，使各方面的人才汇聚到党和国家的事业中来，形成堪当历史重任的人才力量，汇聚起投身民族复兴伟业的磅礴伟力[①]。

中国特色社会主义进入新时代，在实现从"站起来"到"富起来"伟大飞跃的基础上，中华民族迈入"强起来"的历史新阶段。而"强起来"不仅意味着物质技术层面的进步，还包括公民

---

① 陈亚峰. 论时代新人的理论意蕴与实践指向 [J]. 学校党建与思想教育，2019（12）.

文明素质的全面提升和社会文明程度的全面进步。习近平总书记指出:"青年是引风气之先的社会力量。一个民族的文明素养很大程度上体现在青年一代的道德水准和精神风貌上。"① 青年群体的文明程度和综合素质是衡量一个国家社会文明程度的基本尺度,也是观察一个国家和民族前途命运的窗口。青年阶段是培养一个人思想道德素质的最佳阶段,也是形塑正确世界观、价值观、人生观的关键时期。只有以培养担当民族复兴大任的时代新人为着眼点,加强思想道德建设,深入实施公民道德建设工程,加强和改进思想政治工作,推进新时代文明实践中心建设,在推动社会文明进步中实现群众的自我教育、自我提高,才能焕发良好社会文明风尚②。

人才队伍建设是党的事业薪火相传、基业长青的重要支撑,我们党历来重视培养什么人的问题,始终把培养一代新人作为党执政兴国的重要任务。在革命、建设、改革的各个历史时期,作为最富朝气、最富生机活力和创造精神的先锋力量,青年人才为党和人民事业顺利向前发展发挥了不可替代的推动作用。毛泽东指出:"'五四'以来,中国青年们起了什么作用呢?起了某种先锋队的作用,这是全国除开顽固分子以外,一切的人都承认的。"③ 只有赢得青年,才能赢得未来,时代新人的培养为实现党在各个历史时期的执政目标奠定了坚实人才基础,培养担当民族复兴大任的时代新人关乎党的长期执政能力建设,关乎党的事业承前启后、继往开来、后继有人④。

---

① 习近平. 习近平谈治国理政 [M]. 北京:外文出版社,2014:52.
② 陈亚峰. 论时代新人的理论意蕴与实践指向 [J]. 学校党建与思想教育,2019(12).
③ 毛泽东. 毛泽东选集:第2卷 [M]. 2版. 北京:人民出版社,1991:565.
④ 同②.

二、时代新人的内涵与核心素养

（一）时代新人的核心素养

理想信念、精神风貌、全球视野、品德修为和真才实学共同构成时代新人的核心素养，缺一不可，相互支撑。每一代青年都有自己的际遇和机缘，都要在自己所处的时代条件下谋划人生、创造历史。党的十八大以来，习近平总书记率先垂范、身体力行，通过发表讲话、考察走访、回复信件、见面座谈等方式，从"五点希望""八字真经""十六字诀""四点要求"到在纪念五四运动一百周年大会上的讲话中提出的"六点要求"，为可担当民族复兴大任的时代新人"画像"，为学校育人工作"定调"，从理想信念、精神风貌、全球视野、品德修为、真才实学等五个方面对时代新人的质量要求进行了系统论述，为学校落实立德树人根本任务、进一步加强人才培养工作明确了任务。

第一，时代新人应具备理想信念。正如习近平总书记在纪念五四运动一百周年大会上的讲话中说："青年的理想信念关乎国家未来。青年理想远大、信念坚定，是一个国家、一个民族无坚不摧的前进动力。"理想指引人生方向，信念决定事业成败。而广大青年学子应该牢固确立的人生信念就是坚定对马克思主义的信仰、对中国特色社会主义的信念、对中华民族伟大复兴中国梦的信心，听党话，跟党走，将自己的小我融入祖国的大我、人民的大我之中，与时代同步伐、与人民共命运，让理想信念在创业奋斗中升华，让青春在创新创造中闪光。坚定理想信念，需要广大青年对马克思主义有深刻的理解，学会用马克思主义基本原理指导学习和生活，用马克思主义基本原理认识社会，分析国际环境。中国特色社会主义是马克思主义基本原理同中国实际和时代特征相结合的产物，是马克思主义的中国化。青少年一代需要深刻理解毛泽东思想、邓小平理论、"三个代表"重要思想、科学发展观、习近平新时代中国特色社会主义思想等马克思主义中国化的理论成果，从心底认识到中国特色社会主义是党和人民历尽千辛万苦、付出巨大代价取得的根本成就。站在新时代的背景之下，认识中国梦对国家和个人的重要意义，明晰中华民族伟大复兴就是国家富强、民族振兴、人民幸福的中国梦内涵。青少年要将崇高的信仰与个人的梦想结合，让青春不负国家期望。

第二，时代新人应具备精神风貌。精神风貌代表着中国的隐形增长力，"两个一百年"奋斗目标，不仅代表着物质文明的富裕，也代表着精神文明的焕然一新。时代新人能否担当起实现中华民族伟大复兴的大任，能否成为社会主义建设者和接班人，关键在于青少年的精神风貌。习近平总书记在多个场合反复强调，中华民族从积贫积弱走到繁荣发展，靠的就是中华民族自强不息的奋斗精神；创新是民族进步的灵魂，是一个国家兴旺发达的不竭源泉。进行伟大斗争，建设伟大工程，推进伟大事业，实现伟大梦想，需要广大青年锲而不舍、驰而不息的奋斗；需要广大青年有敢为人先的锐气，勇于解放思想、与时俱进、上下求索、开拓创新；需要广大青年立足本职、埋头苦干、攻坚克难。现在国家正处于历史发展的新时代，社会的主要矛盾发生深刻变化，物质文明取得了极大的提高。与此同时，当代青少年的信念也颇受物质时代的冲击，思想道德也遭受物质和资本主义的侵蚀，享乐主义、自我主义逐渐兴盛，青年一代的家国情怀、爱国主义精神、劳动精神有待提升。坚毅的品质、坚定的信仰、爱党爱国的情操，是青年一代以及全社会精神风貌的根本。因此,《新时代爱国主义教育实施纲要》提出要把青少年作为爱国主义教育的重中之重,《中长期青年发展规划(2016—2025 年)》从思想道德、教育、健康、婚恋、就业创业、文化、社会融入与社会参与、维护合法权益、预防违法犯罪、社会保障等 10 个领域提出了青年的具体发展目标。

第三,时代新人应具备全球视野。"教育传承过去、造就现在、开创未来,是推动人类文明进步的重要力量。"在世界格局处在加快演进的历史进程中,各国之间的联系日益加强,也同时面临诸多共同挑战。在新的历史条件下,习近平总书记始终强调各国青年应该通过教育树立世界眼光、增强合作意识,推动人文交流、促进民间交往,共同开创人类美好未来[①]。因此,社会主义的建设者和接班人既要扎根中国沃土,涵育家国情怀;也要立足全球发展,在交流互鉴中推动构建人类命运共同体。在全球化背景下,全球视野首先需要具备国际意识和胸怀,拥有一流的国际知识结构,以人类健康持续发展为出发点,积极与国际接轨,和世界靠近,扩大个体的认知范围,这不仅包括物理维度的范畴,也包括精神维度的范畴。全球视野需要我们在讨论问题的过程中打破国际界限,站在人类共同发展的高度上,统筹规划分析,对各国经济、文化、制度进行深入的理解,秉持世界多元化而不是单一化的世界观,博采众长,把握人类发展的历史趋势。

第四,时代新人应具备品德修为。习近平总书记高度重视青年人品德的锤炼,始终强调"品德是为人之本。止于至善,是中华民族始终不变的人格追求"。"青年要把正确的道德认知、自觉

---

① 清华大学苏世民学者项目启动仪式在京举行[N]. 人民日报,2013-04-22.

的道德养成、积极的道德实践紧密结合起来，不断修身立德，打牢道德根基，在人生道路上走得更正、走得更远"[1]，成为"有大爱大德大情怀的人"[2]。品德修养是立身处世之基，只有学会做人，才能真正走得远、成大业[3]。当下青年正处于"百年未有之大变局"，处于中华民族实现伟大复兴的关键历史阶段，处于科技革命先锋较量的智能浪潮中，迫切需要在品德的培养上下功夫，坚定理想信念。坚定理想信念要从自觉践行社会主义核心价值观入手，从明大德、守公德、严私德做起，加强道德修养，注重道德实践，从中华民族传统美德中汲取道德滋养，从英雄人物和时代楷模的身上感受精神风范，从自身内省中提升个人修为，以自觉、坚持从一事一日做起，坚决抵制庸俗、低俗、媚俗之风，追求更有高度、更有境界、更有品位的人生。当代青年处在中华民族发展的最好时期，拥有多样的选择机会和人生目标，虽然每个人的人生目标和职业选择有差异，但都需要树立远大的理想、坚定的信念，才会有前进的动力。时代新人要坚持用习近平新时代中国特色社会主义思想武装头脑，坚定对马克思主义的信仰、对中国特色社会主义的信念，树立远大抱负、矢志拼搏奋斗，用一生来践行跟党走的理想追求；要认真学习党史、新中国史、改革开放史、社会主义发展史，在学思践悟中坚定理想信念，在奋发有为中践行初心使命。

第五，时代新人应具备真才实学。大志非才不就，大才非学

---

[1] 习近平. 在纪念五四运动100周年大会上的讲话[M]. 北京：人民出版社，2019：11.

[2] 习近平在全国教育大会上强调 坚持中国特色社会主义教育发展道路 培养德智体美劳全面发展的社会主义建设者和接班人[N]. 人民日报，2018-09-11.

[3] 孙春兰. 唱响新时代爱国团结跟党走的青春之歌：在中华全国青年联合会第十三届委员会全体会议和中华全国学生联合会第二十七次代表大会上的致词[EB/OL]. 新华网，2020-08-17.

不成，建设中国特色社会主义是一项前无古人的伟大事业。当今时代，知识更新不断加快，社会分工日益细化，新技术新业态层出不穷。时代新人不仅要有担当的宽肩膀，而且要有成事的真本领。青年学生必须"在增长知识见识上下功夫"，"在增强综合素质上下功夫"，努力学习、苦练本领、增长才干既是实现个人理想的前提，也是担当民族复兴大任的基础。每个人都要不断提高胜任岗位、做好工作、干事创业的本领能力，在业务方面练就"两把刷子"，掌握真才实学，增益其所不能，努力成为各行各业的有用之才，在经济建设主战场、文化发展大舞台、社会建设新领域、科技创新最前沿、强军兴军第一线，为实现中华民族伟大复兴贡献智慧和才华。

（二）时代新人的内涵

党的十八大以来，习近平总书记紧扣新时代中国共产党的历史使命，以更高远的历史站位、更宽广的国际视野、更深邃的战略眼光，对进行伟大斗争、建设伟大工程、推进伟大事业、实现伟大梦想做出了全面部署。为了统筹推进"四个伟大"，习近平总书记对不同群体提出具体要求。比如：针对干部，提出了"信念坚定、为民服务、勤政务实、敢于担当、清正廉洁"20字"好干部"标准；针对教师，提出了"有理想信念、有道德情操、有扎实学识、有仁爱之心"的"四有"好老师要求；针对军队，提出了"听党指挥、能打胜仗、作风优良"的要求；针对青年，提出了"有理想、有本领、有担当"的要求；等等。对于"时代新人"的标准，在全国教育大会上，习近平总书记对"怎样培养人"提出了六个"下功夫"的要求，由此，我们可以推出，"担当民族复兴大任的时代新人"应该符合以下六条基本标准：

坚定的理想信念，即树立共产主义远大理想和中国特色社会主义共同理想，增强学生的中国特色社会主义道路自信、理论自信、制度自信、文化自信，立志肩负起民族复兴的时代重任。习近平总书记在全国教育大会上要求"在坚定理想信念上下功夫，教育引导学生树立共产主义远大理想和中国特色社会主义共同理想，增强学生的中国特色社会主义道路自信、理论自信、制度自信、文化自信，立志肩负起民族复兴的时代重任"[①]。"理想信念是人们对未来的向往和追求，是人们的政治立场和世界观在奋斗目标上的集中体现。"[②]"理想指引人生方向，信念决定事业成败。没有理想信念，就会导致精神上'缺钙'。中国梦是全国各族人民的共同理想，也是青年一代应该牢固树立的远大理想。中国特色社会主义是我们党带领人民历经千辛万苦找到的实现中国梦的正确道路，也是广大青年应该牢固确立的人生信念。"[③]

浓厚的爱国主义情怀，即让爱国主义精神在心中牢牢扎根，热爱和拥护中国共产党，立志听党话、跟党走，立志扎根人民、奉献国家。"爱国主义是我们民族精神的核心，是中华民族团结奋斗、自强不息的精神纽带。……对每一个中国人来说，爱国是本分，也是职责，是心之所系、情之所归。对新时代中国青年来说，热爱祖国是立身之本、成才之基"[④]。"当代中国，爱国主义的本质就是坚持爱国和爱党、爱社会主义高度统一"，爱国主义情怀体现为"听党话、跟党走，胸怀忧国忧民之心、爱国爱民之情，不

---

① 习近平在全国教育大会上强调 坚持中国特色社会主义教育发展道路 培养德智体美劳全面发展的社会主义建设者和接班人 [N]. 人民日报, 2018-09-11.
② 于永军. 以坚定的理想信念坚守初心 [N]. 解放军报, 2019-06-06.
③ 习近平. 习近平谈治国理政 [M]. 北京：外文出版社, 2014：50.
④ 习近平. 在纪念五四运动100周年大会上的讲话 [M]. 北京：人民出版社, 2019：3, 7.

断奉献祖国、奉献人民"①。

高尚的品德修养,即自觉践行社会主义核心价值观,踏踏实实修好品德,成为有大爱大德大情怀的人。社会主义核心价值观"回答了我们要建设什么样的国家、建设什么样的社会、培育什么样的公民的重大问题"②,"体现了古圣先贤的思想,体现了仁人志士的夙愿,体现了革命先烈的理想,也寄托着各族人民对美好生活的向往。只要是中国人,就应该自觉培育和践行社会主义核心价值观"③。

宽广的知识见识,即珍惜学习时光,心无旁骛求知问学,增长见识,丰富学识,求真理、悟道理、明事理。过硬的知识见识是青年成长成才的牢固根基。当今世界,各种新知识、新情况、新问题、新事物层出不穷。习近平总书记强调:"广大青年要如饥似渴、孜孜不倦学习,既多读有字之书,也多读无字之书,注重学习人生经验和社会知识。"伴随教育的普及、互联网的兴盛,信息的获取更加方便。青年不但需要注重知识的积累,也要注重思维的锤炼、见识的增长。学习是成长进步的阶梯,实践是增长见识的重要途径。要教育引导青年多关注世界形势及其发展变化,全面客观认识当代中国、看待外部世界,成为具有中国情怀和全球视野的人才。

不懈的奋斗精神,即具有高远志向,敢于担当,具有勇于奋斗的精神状态、乐观向上的人生态度,做到刚健有为、自强不息。习近平总书记在全国教育大会上提出"要在培养奋斗精神上下功

---

① 习近平. 在纪念五四运动100周年大会上的讲话[M]. 北京:人民出版社,2019:8.
② 习近平. 青年要自觉践行社会主义核心价值观:在北京大学师生座谈会上的讲话[M]. 北京:人民出版社,2014:5.
③ 习近平. 习近平谈治国理政[M]. 北京:外文出版社,2014:181.

夫,教育引导学生树立高远志向,历练敢于担当、不懈奋斗的精神,具有勇于奋斗的精神状态、乐观向上的人生态度,做到刚健有为、自强不息"[1]。他指出:"人类的美好理想,都不可能唾手可得,都离不开筚路蓝缕、手胼足胝的艰苦奋斗。我们的国家,我们的民族,从积贫积弱一步一步走到今天的发展繁荣,靠的就是一代又一代人的顽强拼搏,靠的就是中华民族自强不息的奋斗精神。"[2]"让奋斗成为青春的底色,在成长中注入拼搏的精气神,坚定其脚步、强健其精神,这是教育立德树人的重要环节,也是培养社会建设者和接班人的题中应有之义。"[3]

全面的综合素质,即德智体美劳全面发展,身心健康,具有审美和人文素养及劳动精神,具备创新意识和创新思维。

以上六条时代新人标准,除了传统的德智体美劳等综合素质的要求外,还增加了对情感素质(浓厚的爱国主义情怀)和意志素质(不懈的奋斗精神)的要求,这充分说明了中华民族伟大复兴中国梦的实现需要更高标准的建设人才,要求塑造更多更符合要求的时代新人[4]。

三、培养担当民族复兴大任的时代新人

(一)建设更高水平的人才培养体系

在新时代,教育需要以培养德智体美劳全面发展的社会主义

---

[1] 习近平在全国教育大会上强调 坚持中国特色社会主义教育发展道路 培养德智体美劳全面发展的社会主义建设者和接班人[N]. 人民日报,2018-09-11.
[2] 习近平. 习近平谈治国理政[M]. 北京:外文出版社,2014:52.
[3] 以奋斗精神铸就青春底色[N]. 人民日报,2018-09-21.
[4] 郑永安,孔令华. 塑造新人:新时代教育的重大使命[J]. 中国高等教育,2018(22):6-8.

建设者和接班人为根本指导，以形成学生必备品格和关键能力为出发点，以社会主义核心价值观统领课程改革、人才培养模式改革、课堂教学改革和考试评价改革，建设科学的、现代化的学科体系、教材体系、教学体系、管理体系，"构建德智体美劳全面培养的教育体系，形成更高水平的人才培养体系"[①]。

形成更高水平的人才培养体系，"必须立足于培养什么人、怎样培养人这个根本问题来建设"[②]，要在坚定理想信念上下功夫，教育引导学生树立中国特色社会主义共同理想和共产主义远大理想，增强学生的中国特色社会主义道路自信、理论自信、制度自信、文化自信，立志肩负起民族复兴的时代重任。要在厚植爱国主义情怀上下功夫，让爱国主义精神在学生心中牢牢扎根，教育引导学生热爱和拥护中国共产党，立志听党话、跟党走，立志扎根人民、奉献国家。要在加强品德修养上下功夫，教育引导学生培育和践行社会主义核心价值观，踏踏实实修好品德，成为有大爱、大德、大情怀的人。要在增长知识见识上下功夫，教育引导学生珍惜学习时光，心无旁骛求知问学，增长见识，丰富学识，沿着求真理、悟道理、明事理的方向前进。要在培养奋斗精神上下功夫，教育引导学生树立高远志向，培养敢于担当、不懈奋斗的精神，具有勇于奋斗的精神状态、乐观向上的人生态度，做到刚健有为、自强不息。要在增强综合素质上下功夫，教育引导学生培养综合能力，培养创新思维。做到"六个下功夫"的同时要"树立健康第一的教育理念"，帮助学生强身健体、享受运动；要"全面加强和改进学校美育"，以文化人，以美育人，坚定文化自信；要"弘扬劳动精神"，继承和创新马克思主义关于人的全面发

---

①②习近平. 坚持中国特色社会主义教育发展道路 培养德智体美劳全面发展的社会主义建设者和接班人[N]. 人民日报，2018-09-11.

展理论，教育引导学生崇尚劳动、尊重劳动。

（二）构建德智体美劳全面培养的教育体系

新的人才培养标准和人才培养要求意味着必须建设更高水平的人才培养体系来顺应教育的新功能、新要求。《新时代公民道德建设实施纲要》提出构建德智体美劳全面培养的教育体系，为培养担当民族复兴大任的时代新人提供良好的教育平台与文化环境，努力成为世界水平的中国特色现代教育体系。建设这一更高水平的教育体系，需要从以下几个方面入手。

发展德育。坚持立德树人，积极发挥社会主义核心价值观的巨大引领作用，"要把立德树人融入思想道德教育、文化知识教育、社会实践教育各环节，贯穿基础教育、职业教育、高等教育各领域"，"旗帜鲜明加强思想政治教育、品德教育，加强社会主义核心价值观教育，引导学生自尊自信自立自强"。"用中国梦打牢广大青少年的共同思想基础，教育和帮助青少年树立正确的世界观、人生观、价值观，永远热爱我们伟大的祖国，永远热爱我们伟大的人民，永远热爱我们伟大的中华民族，坚定跟着党走中国道路。"[1]

发展智育。要在创新发展理念的指导下，坚持"创新是引领发展的第一动力"，坚持"创新驱动实质是人才驱动，强调人才是创新的第一资源，不断改善人才发展环境、激发人才创造活力，大力培养造就一大批具有全球视野和国际水平的战略科技人才、科技领军人才、青年科技人才和高水平创新团队"[2]。以人才驱动

---

[1] 习近平. 习近平谈治国理政［M］. 北京：外文出版社，2014：53.
[2] 习近平. 在中国科学院第十九次院士大会、中国工程院第十四次院士大会上的讲话［M］. 北京：人民出版社，2018：3.

创新，以创新驱动"科教强国""人才强国"，"建设一支规模宏大、结构合理、素质优良的创新人才队伍"，推动建设世界科技强国，把握世界科技大势，研判科研发展方向，开发科研优质成果。

发展体育。以校园足球为突破口实现体育教育改革，让学生"在足球运动中感受集体力量、体验运动乐趣、强健身体素质"，以发挥足球育人功能、推进校园足球普及、促进文化学习与足球技能共同发展、促进青少年足球人才规模化成长、扩充师资队伍为顶层设计原则，以促进学生健全人格的发展、教会学生一项运动技能、为中国足球发展奠定人才根基为政策目标，走出一条深化体育管理体制改革的新路来。

发展美育。"美育是审美教育，也是情操教育和心灵教育，不仅能提升人的审美素养，还能潜移默化地影响人的情感、趣味、气质、胸襟，激励人的精神，温润人的心灵"①。审美趣味指"人从一定审美需要出发对各种审美对象所产生的主观情趣、态度、兴味、好尚和追求。又称'审美情趣'。它是人的审美意识的一个组成部分，是人的审美情感、审美观点、审美理想、审美态度、审美能力的一种表现，并且是它们的结果"②。"做好美育工作，要坚持立德树人，扎根时代生活，遵循美育特点，弘扬中华美育精神，让祖国青年一代身心都健康成长。"普及和传播以真善美为核心的文艺力量，学习以爱国主义为文艺创作主旋律的优秀作品，坚持和弘扬中国精神，不断引导树立正确的历史观、民族观、国家观、文化观，以传承和创新中华优秀传统文化为抓手，发扬和重构中华传统人文主义精神，不断适应新时代文化发展需要，坚

---

① 国务院办公厅关于全面加强和改进学校美育工作的意见[EB/OL].中国政府网，2015-09-28.

② 王向峰.文艺美学辞典[M].沈阳：辽宁大学出版社，1987：174-175.

定文化自信,增强做中国人的骨气和底气。

发展劳动教育。"劳动是人类的本质活动,劳动光荣、创造伟大是对人类文明进步规律的重要诠释。'民生在勤,勤则不匮。'中华民族是勤于劳动、善于创造的民族。正是因为劳动创造,我们拥有了历史的辉煌;也正是因为劳动创造,我们拥有了今天的成就。"① "要在学生中弘扬劳动精神,教育引导学生崇尚劳动、尊重劳动,懂得劳动最光荣、劳动最崇高、劳动最伟大、劳动最美丽的道理,长大后能够辛勤劳动、诚实劳动、创造性劳动。"② "在学生中弘扬劳动精神",重申马克思主义关于人的全面发展理论,将教育与生产劳动广泛结合,坚持社会主义教育的方向性,培养社会主义的建设者和接班人。

以形成学生必备品格和关键能力为出发点,克服我国以往教育改革的功能性缺陷,以社会主义核心价值观统领课程改革、人才培养模式改革、课堂教学改革和考试评价改革的教育结构性变革,建设科学的、现代化的学科体系、教材体系、教学体系、管理体系,形成更高水平的人才培养体系。

(三)加强学校思想政治工作,把思想政治工作贯穿教育教学全过程,实现全员育人、全过程育人、全方位育人

第一,加强党对教育事业的全面领导,学校办学必须坚持正确的政治方向,解决学校教育"为了谁"的问题。习近平总书记在全国高校思想政治工作会议上强调指出,要牢牢掌握党对学校

---

① 习近平. 在庆祝"五一"国际劳动节暨表彰全国劳动模范和先进工作者大会上的讲话[M]. 北京:人民出版社,2015:3-4.
② 习近平在全国教育大会上强调 坚持中国特色社会主义教育发展道路 培养德智体美劳全面发展的社会主义建设者和接班人[N]. 人民日报,2018-09-11.

工作的领导权，高校党委要保证正确的办学方向，掌握思想政治工作的主导权①。解决"领导权"和"主导权"的问题，学校办学"为了谁"的问题才会有"正确答案"。各级党委都要牢固树立"四个意识"，坚持马克思主义指导地位，坚持扎根中国大地办教育，始终用马克思主义中国化的理论与实践成果武装青年、教育青年、引导青年，不断深化学生对马克思主义历史必然性和科学真理性、理论意义和现实意义的认识，教育学生学会运用马克思主义的立场观点方法观察世界、分析世界、解释世界，正确把握时代发展的主题和任务，认清中国和世界发展的大势，听党话，跟党走，练就过硬本领，将个人发展融入中华民族复兴的伟大实践之中，为实现"伟大梦想"而不懈奋斗。

第二，用新时代中国特色社会主义思想铸魂育人，办好思想政治理论课，解决学校思想政治工作重点"做什么"的问题。

一方面，青少年正处在人生的"拔节孕穗期"，最需要精心引导和栽培；另一方面，时代风云变幻，社会舆论纷繁，帮助青年辨明方向、校准航向尤为重要。思想政治理论课作为学校思想政治教育的"主渠道"，承担着重要的使命。推动思想课的改革创新，要不断增强"三性一力"、始终坚持"八个统一"，即不断增强思政课的"思想性、理论性和亲和力、针对性"；坚持"政治性和学理性""价值性和知识性""建设性和批判性""理论性和实践性""统一性和多样性""主导性和主体性""灌输性和启发性""显性教育和隐性教育"相统一，充分发挥高校学科专业优势、人才资源优势和理论研究优势，注重大中小思想政治教育的一体化研究，将理论研究优势转化为人才培养优势，将理论研究成果转

---

① 习近平. 习近平谈治国理政：第2卷［M］. 北京：外文出版社，2017：379.

化为人才培养成果，构建更为完善的思想政治理论教育学科体系、思想政治理论教育课程体系、思想政治教育实践体系，在推进学校思想政治工作育人功能上实现资源集成、同频共振、共同发展。

第三，"围绕学生、关照学生、服务学生"，"因事而化、因时而进、因势而新"[①]，形成高水平的人才培养体系；家庭、学校、社会、政府通力合作，解决培育时代新人"怎么做"的问题。

形成高水平的人才培养体系，除了上述人才培养目标的政治规定性之外，重要的一点就是充分遵循思想政治工作的规律、教书育人的规律、学生成长与发展的规律，用思想政治工作体系贯通学校的学科体系、教学体系、教材体系、管理体系、服务体系，彻底解决思想政治工作与人才培养工作"两张皮"的问题。

为学生点亮理想的灯，照亮前行的路，帮助青年学生扣好人生的第一粒扣子，必须深入研究新时代青年学生群体的思想行为特点，找准他们成长发展中面临的痛点、难点、焦点、热点，转变传统学生思想政治工作"抓两头、带中间、防万一、保安全"的工作策略，将工作覆盖面转向"沉默的大多数"，将工作重心下移到学院、班级、宿舍，更加关注普通学生的学习生活表现和成长发展诉求，"两头""中间"一起抓，把思想政治工作做在日常、做在个人。

"因事而化、因时而进、因势而新"体现了我党实事求是的思想路线，为构建更高水平的人才培养体系，增强学校育人的亲和力和针对性提供了方法论指导。各级各类学校均应从学生的实际出发，有效衔接课内课外，思想政治教育的"主渠道"和"主阵地"协同并进，运用学生喜闻乐见的方式，精心设计教育活动，使

---

① 习近平. 习近平谈治国理政：第2卷[M]. 北京：外文出版社，2017：378.

思想政治教育不再是枯燥乏味的"说教",而是与学生生活紧密相关的"身边事、身边人",在教育的过程中学生不再是被动地"接受教育",而是通过积极的参与和真实的体验实现"自我教育"。

家庭教育、学校教育、社会教育三者必须步调一致、统筹推进,是习近平总书记关于教育重要论述的有机组成部分。家庭、学校、政府、社会共同负有教育责任,各司其职,有效推进才能取得好的效果。重视家庭教育、学校教育和社会教育的相互促进、相互配合,对提高育人效果至关重要。

第四,学校党委要承担管党治党、办学治校主体责任,着力加强教师队伍和思想政治工作队伍建设,解决立德树人"谁来做"的问题。

培养担当民族复兴大任的时代新人,抓住全面提高人才培养能力核心点,学校党委是关键。全面加强党对学校工作的领导,学校党委把方向、管大局、做决策、保落实,承担管党治党、办学治校的主体责任;加强基层党组织的凝聚力、战斗力,增强教书育人的使命感、责任感,使每一个党员都做到在党爱党、在党言党、在党为党,自觉落实立德树人根本任务。

培养担当民族复兴大任的时代新人,要按照习近平总书记"政治素质过硬、业务能力精湛、育人水平高超"的要求推进高素质教师队伍的建设。根据习近平总书记"政治要强、情怀要深、思维要新、视野要广、自律要严、人格要正"[1]的六点要求,优先配齐建强"可信、可靠、乐为、敢为、有为"[2]的专职思政课

---

[1] 习近平. 在看望参加政协会议的医药卫生界教育界委员时强调:把保障人民健康放在优先发展的战略位置 着力构建优质均衡的基本公共教育服务体系[N]. 人民日报,2021-03-07.

[2] 习近平. 思政课是落实立德树人根本任务的关键课程[J]. 求是,2020(17).

教师队伍。推动高素质教师队伍建设，还要把师德师风建设放在首位，严格教师选用的思想品德"门槛"，注重理论素养与专业素养、学术研究与教学能力、科研成果与实践成果相统一，着力加强教师教育教学水平能力的建设。

着力加强学校育人的工作体系建设和人力资源配置，推动全员育人、全过程育人、全方位育人。加强三支队伍建设，即"高校党政干部和共青团干部、思想政治理论课教师和哲学社会科学课教师、辅导员班主任和心理咨询教师"[1]等队伍建设，为落实立德树人根本任务提供坚实的人力保障。同时，学校要积极营造人人都有育人责任的文化氛围，形成人人都有育人责任的制度体系，有想法、有说法、有做法，将全员育人落到实处。积极创造条件和平台，充分发挥学生参与学校管理和服务的积极性、主动性、创造性，使"受教育者"在参与学校管理与服务工作的实践中实现自我教育，落实全员、全过程、全方位育人的理念。

---

[1] 习近平．把思想政治工作贯穿教育教学全过程 开创我国高等教育事业发展新局面［N］．人民日报，2016-12-09．

建设高质量教育体系

一、建设高质量教育体系是新时代教育改革创新的必然要求

（一）我国教育体系面对百年未有之大变局带来的新挑战

第一，建设高质量教育体系是我国教育改革创新在新历史征程上的战略选择。当前我国国家和社会发展持续向好，但是发展不平衡不充分等问题仍然存在，其中发展中的矛盾和问题集中体现在发展质量上。这就要求我们必须以推动高质量发展为主题，着力提升发展质量和效益。教育作为高质量发展的基础性工程，可以为之提供知识支撑和人才支撑。党的十八大以来，以习近平同志为核心的党中央对推进教育改革创新做出一系列重大决策，教育改革创新也取得了历史性成就，实现了创新发展、协调发展、绿色发展、开放发展和共享发展。

"十四五"时期是我国实现第一个百年奋斗目标之后，开启全面建设社会主义现代化国家新征程、向第二个百年奋斗目标进军的第一个五年，是我国教育改革创新的新历史起点。在坚持质量第一、效益优先，转变我国发展方式，使发展成果更好惠及全体人民，不断实现人民对美好生活的向往的大环境下，"建设高质量教育体系"正是在面对百年未有之大变局、面对新时代坚持和发展什么样的中国特色社会主义、怎样坚持和发展中国特色社会主义等重大战略决策的关口，针对中国教育改革发展的战略选择。

"建设高质量教育体系"是新时代教育改革发展的最新蓝图，为教育发展新征程指明了方向，为加快推进教育现代化、建设教育强国、办好人民满意的教育提供了现实方法。

第二，新时代我国发展的外部环境日趋复杂，对教育体系提出更高要求。我国发展的外部环境日趋复杂。从世界政治和经济格局来说，自苏联解体，到两次全球性的金融危机，再到中国改革开放的崛起，到近期英国脱离欧盟带来的世界动荡以及美国为维护其超级大国地位而采取的"美国优先"战略，20世纪50年代以来，二战后所建立起的国际体系日益受到挑战。此外，第四次工业革命等技术的冲击以及受新冠肺炎疫情的影响，使20世纪70年代新自由主义诞生以来所形成的市场化、全球化、经济贸易一体化的趋势正在发生逆转。这导致国际力量对比发生深刻变化，全球治理体系与国际秩序转型日益迫切；主权国家内部和国家间的贫富差距拉大，滋生逆全球化和反全球化力量，致使民粹主义甚至反智主义在全球盛行；当前国际社会不仅要解决尚未得到根治的传统政治难题，更要面对由全球化负面效应引发的各种非传统安全风险[①]。

为了进一步应对外部环境变化给中国带来的冲击和挑战，我们要提高发展质量，提高国际竞争力，增强国家综合实力和抵御风险能力，有效维护国家安全，实现经济行稳致远、社会安定和谐。同时，我们更应该意识到科技创新是百年未有之大变局中的关键一环，互联网等现代科学技术的发展能够为国家决策和国际形势增加新的变量，我们要注重自主创新。还要特别注重政治建设、思想建设、价值建设、信仰建设、文化建设，以教育为突破

---

① 杨娜，王慧婷．百年未有之大变局下的全球治理及中国参与［J］．东北亚论坛，2020，29（6）．

口，进一步适应新变化、新挑战，建设高质量教育体系。

（二）建设高质量教育体系是新时代教育发展的新主题

首先，党的十九届五中全会明确提出要"建设高质量教育体系"的要求。党的十九届五中全会审议通过了《中共中央关于制定国民经济和社会发展第十四个五年规划和二〇三五年远景目标的建议》（简称《建议》）。《建议》提出要"改善人民生活品质，提高社会建设水平。坚持把实现好、维护好、发展好最广大人民根本利益作为发展的出发点和落脚点，尽力而为、量力而行，健全基本公共服务体系，完善共建共治共享的社会治理制度，扎实推动共同富裕，不断增强人民群众获得感、幸福感、安全感，促进人的全面发展和社会全面进步。"[①] 要提高人民收入水平，强化就业优先政策，建设高质量教育体系，健全多层次社会保障体系，全面推进健康中国建设，实施积极应对人口老龄化国家战略，加强和创新社会治理。其中，"建设高质量教育体系"这一要求第一次被明确提出，成为新时代教育发展的新主题、新目标和新任务，成为提高社会建设水平的重要一环，进一步体现创新、协调、绿色、开放、共享的发展理念。

建设高质量教育体系，第一要推动教育创新发展，激发教育活力。只有创新才能解决教育面临的新问题，"创新是引领发展的第一动力"。建设高质量教育体系要以培养创新人才为目标，以改革教育教学方式、推进人才培养模式为突破口，以推进教育管理体制机制改革，激发教育者、办学者的创新活力为关键，不断推动教育创新发展。第二要推动教育协调发展，推进教育整体优质

---

① 中共中央关于制定国民经济和社会发展第十四个五年规划和二〇三五年远景目标的建议[EB/OL]. 中国政府网，2020-11-03.

均衡。"协调"是教育持续健康发展的内在要求，也是教育不断发挥其作用的力量源泉。建设高质量教育体系要在促进各级各类教育协调发展的进程中，加强学前教育、高中教育、职业教育，要在促进城乡教育、不同区域教育协调发展的进程中，着力学校与学校之间的协调发展，要在促进公办教育、民办教育协调发展的进程中加强民办教育的发展，要在推进学校教育、家庭教育、社会教育协调发展的进程中，促进学校、家庭、社会的协同，要不断健全教育协调发展的统筹机制以推进教育协调发展。第三要推动教育绿色发展，提升教育幸福品质。"绿色"是永续发展的必要条件，是人民对美好生活追求的重要体现。教育的绿色发展是提升教育的幸福品质，让学生学习快乐，让教师从教幸福，让家长对学校放心，让社会对教育满意。建设高质量教育体系要减轻学生过重负担，增强教师事业成就感，加强教育软实力建设，发挥文化育人价值，建设"美丽学校"，助推"美丽中国"建设，加强生态价值观教育，倡导绿色健康的教育教学方式与学习方式，推动教育绿色发展。第四要推动教育开放发展，让教育更加包容自信。"开放"是国家繁荣富强的必由之路，也是中国从教育大国走向教育强国的必由之路。建设高质量教育体系要重视国内、国际两种教育资源的利用，推进"引进"与"输出"并举的教育国际化；提升国内教育的"开放品质"，推进优质教育区域向薄弱教育区域的开放，推进城市教育、示范学校对贫困落后地区教育的支援。第五要推动教育共享发展，服务全体人民。中国人民"期盼有更好的教育"，更要"坚持以人民为中心办教育"。建设高质量教育体系，要持续加大教育投入，不断改进办学条件，增加广大教师、学生及其家长的获得感；要持续推进教育事业的公平公正，尤其要改善弱势群体子女与弱势儿童的教育问题，守住教育起点公平的底线；要持续进行教育领域综合改革，破除教育管理中的功利化、特权化，增加教育管理的民主化和教育资源配置的均衡化、透明化；要持续推进学校特色创建，以适应社会与人对教育的多样化需求①。

其次，习近平总书记关于教育的重要论述为建设高质量教育体系指明方向。党的十八大以来，习近平总书记在讲话中多次提及教育问题，形成了一系列关于教育的重要论述，为建设高质量教育体系指明了方向。其中，习近平总书记关于教育"九个坚持"新理念新思想新观点是建设高质量教育体系最集中、最全面、最系统的指导思想。根据习近平总书记教育"九个坚持"的重要论述，建设高质量教育体系要紧紧围绕"培养什么人、怎样培养人、为谁培养人"这一根本问题，全面反映新时代中国特色社会主义教育的本质和规律。

"坚持党对教育事业的全面领导"是建设高质量教育体系的总体要求，更是建设高质量教育体系的根本保证。党是领导教育事业发展的核心力量，是办好中国教育的最大政治优势，办好新时代中国特色社会主义教育、建立高质量教育体系要牢牢把握党对教育工作的领导权这一根本要求。"坚持把立德树人作为根本任务"是建设高质量教育体系根本任务的总体诠释。建设高质量教育体系要把立德树人的成效作为检验学校一切工作的根本标准，健全全员育人、全过程育人、全方位育人的体制机制，培养德智体美劳全面发展的社会主义建设者和接班人。"坚持优先发展教育事业"体现了建设高质量教育体系在国家发展中的战略地位。教育是国之大计、党之大计。教育兴则国家兴，教育强则国家强。

---

① 程斯辉，李汉学. 以五大发展理念引领教育事业新发展[J]. 教育研究，2017，38（6）：4-11.

建设高质量教育体系进一步强化了教育的特殊地位和重要作用，是我国优先发展教育，以教育现代化支撑国家现代化，加大投资于人力度的战略部署的具体体现。"坚持社会主义办学方向"是建设高质量教育体系的总体方向，以保证其社会主义性质。

教育是培养人的事业，方向问题从来都是第一位的。建设高质量教育体系更要牢牢把握政治原则，从进行伟大斗争、建设伟大工程、推进伟大事业、实现伟大梦想的战略高度引导教育事业发展方向。"坚持扎根中国大地办教育"是建设中国特色社会主义高质量教育体系的总体方略。中国的事情必须按照中国的特点、中国的实际办，这是解决中国所有问题的正确之道。建设高质量教育体系更要坚定教育自信，办好新时代中国特色社会主义教育，坚定走中国特色社会主义教育道路。"坚持以人民为中心发展教育"是新时代群众观点在建设高质量教育体系的集中体现。建设高质量教育体系要不断促进教育事业发展成果更多更公平惠及全体人民，以教育公平促进社会公平正义，努力让每个人享有受教育的机会，获得发展自身、奉献社会、造福人民的能力。"坚持深化教育改革创新"是如何建设好高质量教育体系的总体方略。建设高质量教育体系要注重教育改革的系统性、整体性、协同性，及时研究解决教育改革发展的重大问题和群众关心的热点问题，以改革激发教育发展的活力，增加教育发展的动力。"坚持把服务中华民族伟大复兴作为教育的重要使命"是建设高质量教育体系的重要使命。建设高质量教育体系要紧紧围绕统筹推进"五位一体"总体布局、协调推进"四个全面"战略布局，不断提升与经济社会发展契合度，为社会主义现代化建设提供强大人才和智力支撑这一重要使命。"坚持把教师队伍建设作为基础工作"是建设高质量教育体系的关键任务。教师是立教之本、兴教之源。只有从战略高度认识加强教师队伍建设的重大意义，引导教师做有理想信念、有道德情操、有扎实学识、有仁爱之心的好老师，做学生锤炼品格、学习知识、创新思维、奉献祖国的引路人，才能建立起高质量教育体系①。

二、全面把握新时代"建设高质量教育体系"的内涵

（一）"建设高质量教育体系"的总体目标

第一，建设高质量教育体系，为党育人，为国育才。教育具有鲜明的政治属性，从中国共产党成立以来到土地革命时期，教育是为阶级斗争与土地革命服务的。在新民主主义革命时期，教育是为革命战争和革命根据地的建设服务的。在社会主义探索时期，教育是为无产阶级革命与社会主义建设服务的。在改革开放新时期，教育是为人民服务、为社会主义现代化服务的。进入中国特色社会主义新时代，习近平总书记在《思政课是落实立德树人根本任务的关键课程》一文中强调，教育要"为人民服务、为中国共产党治国理政服务、为巩固和发展中国特色社会主义制度服务、为改革开放和社会主义现代化建设服务"②。建设高质量教育体系也要坚持教育的"四为"方针，培养德才兼备的高素质时代人才，为党育人，为国育才。

建设高质量教育体系，事关国家发展、事关民族未来。建设高质量教育体系更要紧紧围绕实现"两个一百年"奋斗目标、实

---

① 陈宝生. 深入学习贯彻习近平总书记关于教育的重要论述 [J]. 旗帜，2020（2）：19 - 21.

② 习近平. 思政课是落实立德树人根本任务的关键课程 [J]. 求是，2020（17）.

现中华民族伟大复兴的中国梦，源源不断培养大批德才兼备的优秀人才。首先，要通过建设高质量教育体系，坚持不懈用习近平新时代中国特色社会主义思想武装广大师生头脑，巩固马克思主义在意识形态领域的指导地位。其次，在建设高质量教育体系过程中要坚定走中国特色社会主义教育发展道路，树牢办好中国特色社会主义教育的坚定信念。最后，建设高质量教育体系要坚守服务中华民族伟大复兴的使命担当，坚持为党育人的初心、为国育才的立场，把培养社会主义建设者和接班人作为关键任务，培养一代又一代拥护中国共产党领导和我国社会主义制度，立志为中国特色社会主义奋斗终身的有用人才。

第二，建设高质量教育体系，发展以人民为中心的教育。党的十九届五中全会通过的《建议》提出，"民生福祉达到新水平。实现更加充分更高质量就业，居民收入增长和经济增长基本同步，分配结构明显改善，基本公共服务均等化水平明显提高，全民受教育程度不断提升，多层次社会保障体系更加健全，卫生健康体系更加完善，脱贫攻坚成果巩固拓展，乡村振兴战略全面推进"。全心全意为人民服务是我们党的根本宗旨。为人民谋幸福，为民族谋复兴，是中国共产党人矢志不渝的理想追求。着眼社会主义本质要求，办教育就是为了人的发展，为了人民的发展。建设高质量教育体系，坚持以人民为中心大力推进教育事业发展，能够进一步实现教育的普及和质量的提高，从而实现"全民受教育程度不断提升"。在教育方面提升人民群众的获得感、幸福感、安全感，是中国共产党人把人民对美好生活的向往作为奋斗目标在教育领域的重要体现。

建设高质量教育体系，要进一步满足人民群众日益增长的对更高质量、更加公平、更加多样化、更可持续发展的、更安全可靠的教育的需求,不仅能够让青年学生通过接受高质量教育,获得发展自身、奉献社会、造福人民的能力,而且能够在此基础上让群众获得更加充分更高质量的就业,进一步实现居民收入增长和经济增长。此外,建设高质量教育体系,还能够以教育阻断贫困的代际传递,实现脱贫攻坚成果巩固拓展,真正实现"发展为了人民、发展依靠人民、发展成果由人民共享"[①]。

(二) 从多层次、全方位"建设高质量教育体系"

第一,建设高质量基础教育体系。基础教育是国民教育体系的重要组成部分,包括学前教育、九年义务教育和普通高中教育,主要面向3岁至将满18岁的未成年人,是提高全体国民素质、促进人的全面发展、增强民族凝聚力创造力的关键阶段[②]。党的十八大以来,党中央、国务院先后印发《中共中央国务院关于学前教育深化改革规范发展的若干意见》《中国教育现代化2035》《关于新时代推进普通高中育人方式改革的指导意见》《关于深化教育教学改革全面提高义务教育质量的意见》等一系列政策文件,并于2019年召开全国基础教育工作会议,对新时代基础教育改革发展做出系统设计。

党的十九届五中全会对基础教育发展提出了进一步要求,要"坚持教育公益性原则,深化教育改革,促进教育公平,推动义务教育均衡发展和城乡一体化,完善普惠性学前教育和特殊教育、专门教育保障机制,鼓励高中阶段学校多样化发展"。建设高质量基础教育体系,一方面强调要大力推进教育公平,推动义务教育

---

① 胡锦涛. 高举中国特色社会主义伟大旗帜 为夺取全面建设小康社会新胜利而奋斗: 在中国共产党第十七次全国代表大会上的报告 [M]. 北京: 人民出版社, 2007: 15.
② 张力. 步入高质量发展阶段的基础教育新格局 [N]. 中国教育报, 2020-11-26.

均衡发展和城乡一体化，继续支持新增教育资源重点向革命老区、民族地区、边疆地区、集中连片特困地区倾斜，推进城乡教育、不同区域教育和学校之间的协调发展。另一方面强调要完善普惠性学前教育和特殊教育、专门教育保障机制，鼓励高中阶段学校多样化发展。注重发展学生核心素养，激发学生创新活力，形成良好创新氛围①。

第二，建设高质量高等教育体系。"十三五"期间，我国高等教育实现了突破性进展，历史性跃升。高等教育进入普及化发展新阶段，毛入学率由2015年的40.0%提升至2019年的51.6%，在学总人数达4 002万，已建成世界规模最大的高等教育体系。高等教育人才培养质量全面升级，人才培养中心地位不断得到巩固，思想政治教育方面构建起全员全程全方位育人格局。高等教育人才培养体系全面创新，制定颁布教学质量标准，课程建设水平全面提升，创新创业人才培养全面开展。高等教育学习革命全面推进，线上线下教育同步推进，形成时时、处处、人人皆可学的教育新形态②。

根据党的十九届五中全会精神要求，"提高高等教育质量，分类建设一流大学和一流学科，加快培养理工农医类专业紧缺人才"。建设高质量高等教育体系，要积极构建高等教育分类体系，以人才培养定位为基础，推进研究型、应用型和职业技能型三大类型高等教育共同发展。研究型高等学校主要以培养学术研究的创新型人才为主，开展理论研究与创新，学位授予层次覆盖学士、

---

① 周洪宇. 建设高质量教育体系，迈向教育发展新征程 [EB/OL]. 中国教育新闻网，2020 - 11 - 12.

② 教育部高教司司长吴岩："十三五"高等教育实现突破性进展 [EB/OL]. 凤凰新闻，2020 - 12 - 03.

硕士和博士。应用型高等学校主要从事服务经济社会发展的本科以上层次应用型人才培养，并从事社会发展与科技应用等方面的研究。职业技能型高等学校主要从事生产管理服务一线的专科层次技能型人才培养，并积极开展或参与技术服务及技能应用型改革与创新。同时，要对接区域产业发展和基本公共服务对人才的需求，加快培养理工农医类专业紧缺人才，合理确定高等教育层次结构，明确高校的办学定位、服务面向和学科专业布局。

第三，建设高质量职业教育体系。职业教育是国民教育体系和人力资源开发的重要组成部分，也是通往成功成才大门的重要途径。2019年国务院印发《国家职业教育改革实施方案》，强调了职业教育与普通教育是两种不同的教育类型，但具有同等重要地位。党的十八大以来，从编制《现代职业教育体系建设规划（2014—2020年）》，到"完善职业教育和培训体系，深化产教融合、校企合作"写入党的十九大报告，再到深圳出台我国高等职业院校首个世界一流建设方案，大力发展职业教育已经成为全国上下的普遍共识与行动。

按照党的十九届五中全会精神要求，在职业教育方面要求"加大人力资本投入，增强职业技术教育适应性，深化职普融通、产教融合、校企合作，探索中国特色学徒制，大力培养技术技能人才"。建设高质量职业教育体系，首先要加大人力资本投入，除了国家投入，还要积极吸引社会资本投入，形成全社会重视、带动职业教育发展的大趋势。其次，职业技术教育必须密切联系新发展格局，全方位多层次地增强适应性，在支撑中国制造和中国创造、推动经济社会高质量发展方面发挥重要作用。另外，职业技术教育还要紧扣我国高质量发展阶段构建新发展格局的现实需求，通过各方协调行动，加快培养大批高素质劳动者和技术技能人才，有效提升劳动者技能素质。最后，职业技术教育要努力打造"普职关系定类型、产教关系定供求、校企关系定模式、师徒关系定方法、中外关系定特色"的特色、融合、多元、开放的发展格局，全面推动职业教育更高质量发展①。

第四，建设高质量终身学习与教育体系。党的十九届四中全会审议通过的《中共中央关于坚持和完善中国特色社会主义制度推进国家治理体系和治理能力现代化若干重大问题的决定》（简称《决定》），明确了坚持和完善中国特色社会主义制度，推进国家治理体系和治理能力现代化的重大意义和总体要求，指出在教育领域致力于构建服务全民终身学习的教育体系，为新时代我国教育治理体系和教育治理能力现代化指明了发展方向。

党的十九届五中全会进一步要求，要"发挥在线教育优势，完善终身学习体系，建设学习型社会"。建设高质量终身学习与教育体系，一方面要灵活运用"互联网＋"等新技术推动构建服务全民终身学习的教育体系，实现教育信息化；充分发挥高等院校、职业院校、科研院所、各级党校、各类教育基地的资源供给优势，将其有效转化为网络教育优质资源，建立起网络化、立体化的全民终身学习的教育平台，缩减地域和城乡之间的教育资源配置差异。另一方面，要健全学习机制，囊括人生各个阶段教育，涵盖不同形式及类别的教育，不仅需要顶层设计的支撑，制定相关政策，还需要地方相关部门根据各地发展实际，统筹资源，构建党委领导、政府统筹、教育行政部门主管、相关部门配合、相关团体支持、社区主动融入、市场有效介入、群众广泛参与的终身学习教育协同发展机制②。

---

① 陈子季. 用系统思维下好"职业教育一盘大棋"[N]. 中国教育报，2020-12-03.
② 构建服务全民终身学习的教育体系[N]. 光明日报，2019-11-25.

三、建设高质量教育体系的重点任务

(一) 构建德智体美劳全面发展的高质量人才培养体系

德智体美劳全面发展，既是对人的素质定位的基本准则，也是人类社会教育的终极目标。德智体美劳五个方面是一个相辅相成、不可或缺的有机整体。建设高质量教育体系，要在德智体美劳五个要素的目标定位上以"德"定方向，以"智"长才干，以"体"健身躯，以"美"塑心灵，以"劳"助梦想，将"五育并举"的培养路径充分结合，体现人的精神和身体成长需要，有机统一人的个体性和社会性的辩证关系。

第一，德育是教育者按照社会的要求，对受教育者施加影响以形成所期望的政治立场、世界观和道德品质的教育。德育的任务是培养学生爱党、爱国、爱人民，增强国家意识和社会责任意识，教育学生理解、认同和拥护国家政治制度，了解中华优秀传统文化和革命文化、社会主义先进文化，增强中国特色社会主义道路自信、理论自信、制度自信、文化自信，引导学生准确理解和把握社会主义核心价值观的深刻内涵和实践要求，养成良好政治素质、道德品质、法治意识和行为习惯，形成积极健康的人格和良好心理品质，促进学生核心素养提升和全面发展，为学生成长奠定坚实的思想基础。

新时代背景下，德育应在坚定理想信念上下功夫，在厚植爱国主义情怀上下功夫，在加强品德修养上下功夫。首先，要在坚定理想信念上下功夫。"功崇惟志，业广惟勤。"要通过德育坚定广大学生、青年的理想信念，用信念指引他们的人生方向。"中国梦是全国各族人民的共同理想，也是青年一代应该牢固树立的远大理想。中国特色社会主义是我们党带领人民历经千辛万苦找到的实现中国梦的正确道路，也是广大青年应该牢固确立的人生信念。"① 要通过德育"引导学生树立共产主义远大理想和中国特色社会主义共同理想，增强学生的中国特色社会主义道路自信、理论自信、制度自信、文化自信，立志肩负起民族复兴的时代重任"②。其次，要在厚植爱国主义情怀上下功夫。推进思政课改革创新，有机融入爱国主义故事；丰富德育活动内涵，发挥仪式教育作用；优化校园育人环境，充分发挥爱国主义教育功能，"让爱国主义精神在学生心中牢牢扎根，教育引导学生热爱和拥护中国共产党，立志听党话、跟党走，立志扎根人民、奉献国家"③。最后，要在加强品德修养上下功夫，"要把立德树人融入思想道德教育、文化知识教育、社会实践教育各环节，贯穿基础教育、职业教育、高等教育各领域"，以此目标为指导，设计和规划学科体系、教学体系、教材体系、管理体系④，积极发挥社会主义核心价值观的巨大引领作用。"教育引导学生培育和践行社会主义核心价值观，踏踏实实修好品德，成为有大爱大德大情怀的人。"

当前，我国德育工作在中共中央办公厅、国务院办公厅印发的《关于深化新时代学校思想政治理论课改革创新的若干意见》的基础之上，教育部针对不同学段的德育工作进一步印发实施《中小学德育工作指南》《高等学校课程思政建设指导纲要》等文件，全面推动大中小学各阶段德育发展。在基础教育阶段，教育部于2017年8月发布《中小学德育工作指南》，为我国所有普通

---

① 习近平. 习近平谈治国理政 [M]. 北京：外文出版社，2014：50.
②③④ 习近平在全国教育大会上强调 坚持中国特色社会主义教育发展道路 培养德智体美劳全面发展的社会主义建设者和接班人 [N]. 人民日报，2018-09-11.

中小学德育工作进行了规范，是校长和教师培训的重要内容以及教育行政主管部门对中小学德育工作进行督导评价的重要依据。在高等教育阶段，习近平总书记在全国高校思想政治工作会议上强调"把思想政治工作贯穿教育教学全过程，实现全程育人、全方位育人，努力开创我国高等教育事业发展新局面"。在此基础上，教育部于2020年印发《高等学校课程思政建设指导纲要》，具体指导高等教育阶段思政建设的德育工作，成为高校开展课程思政建设的基本遵循，以进一步提升高等教育阶段的德育工作水平。

第二，智育是传授系统科学文化知识，形成科学的世界观，培养基本的技能技巧和发展智力的教育。智育的任务是以系统的科学文化知识武装学生头脑，给予基本技能、技巧的训练，使他们具有运用知识于实际的本领，发展他们的智力，掌握从事社会主义现代化建设的实际本领，从而在社会实践中实现个体的全面发展。

新时代背景下，智育应体现以学习知识为本职，以提升综合素质为目标，以立足国情与全球视野为使命和站位，以奋斗精神为动力。首先，学习知识是学生的天职，青少年学生应珍惜光阴，心无旁骛，如饥似渴地学习知识，既要重视学习知识的宽度，又要重视学习知识的深度；既掌握知识，又形成见识；既把握特点，又洞悉规律；既勤于学习，又敢于创新、勇于实践。"要在增长知识见识上下功夫，教育引导学生珍惜学习时光，心无旁骛求知问学，增长见识，丰富学识，沿着求真理、悟道理、明事理的方向前进。"[①] 其次，"要在增强综合素质上下功夫，教育引导学生培养综合能力，培养创新思维"。积极培养实践型、创新型、复合型

---

① 习近平在全国教育大会上强调 坚持中国特色社会主义教育发展道路 培养德智体美劳全面发展的社会主义建设者和接班人[N]. 人民日报，2018-09-11.

人才，以人才驱动创新，以创新驱动"科教强国""人才强国"，"建设一支规模宏大、结构合理、素质优良的创新人才队伍"①，推动建设世界科技强国，把握世界科技大势，研判科研发展方向，开发科研优质成果。同时，要以立足国情为使命，了解中华文化变迁，触摸中华文化脉络，感受中华文化魅力，汲取中华文化精髓；以全球视野为站位，关注世界形势和发展变化，开阔学生视野，借鉴国外长处，摒弃陈旧思想。最后，要以奋斗精神为动力和保障。要在培养奋斗精神上下功夫，教育引导学生树立高远志向，历练敢于担当、不懈奋斗的精神，具有勇于奋斗的精神状态、乐观向上的人生态度，做到刚健有为、自强不息。培养学生的责任感、坚强意志、吃苦耐劳精神。立鸿鹄志，做奋斗者；志不求易，事不避难。

2014年教育部印发的《关于全面深化课程改革落实立德树人根本任务的意见》，首次提出"核心素养"概念。同时正在进行的普通高中课程标准修订，也将核心素养作为重要的育人目标。根据核心素养的概念，中小学阶段智育培养主要在于文化基础，重在强调能习得人文、科学等各领域的知识和技能，掌握和运用人类优秀智慧成果，涵养内在精神，追求真善美的统一，发展成为有宽厚文化基础、有更高精神追求的人，包括人文底蕴和科学精神两个方面②。在高等教育阶段，教育部通过"三抓三促"治理"快乐的大学"顽疾，"三抓三促"包括"抓领导，促管；抓教师，促教；抓学生，促学"，并相继出台了一系列"重拳"政策，包括

---

① 习近平. 为建设世界科技强国而奋斗：在全国科技创新大会、两院院士大会、中国科协第九次全国代表大会上的讲话 [M]. 北京：人民出版社，2016：16.
② 教育部关于全面深化课程改革落实立德树人根本任务的意见 [EB/OL]. 中华人民共和国教育部网，2014-04-08.

一流专业建设工程，也就是目前的"金专"项目；抓课程，树立金课淘汰水课；创新创业人才培养素质，提升高等教育人才培养体系，将本科人才培养的格局重新确立①。

第三，体育是全面发展体力、增强体质、传授和学习健身知识和体育运动技能的教育。体育的任务是指导学生锻炼身体，全面发展学生的身体素质，教授学生逐步掌握体育运动的基本知识和技能以及卫生保健知识。体力和体质的发展是个性全面发展的生理基础，人民进行生产活动、社会活动、军事活动或幸福地生活都离不开强健的体魄，体育是全面发展教育的重要组成部分。新时代背景下，习近平总书记在第十三届全运会开幕前夕发表讲话指出，国运兴，体育兴；体育强，中国强②。建设体育强国是中华民族伟大复兴中国梦的重要组成部分。学校体育作为实现立德树人根本任务、提升学生综合素质的基础性工程，是加快推进教育现代化、建设教育强国和体育强国的重要工作，对于弘扬社会主义核心价值观，培养学生爱国主义、集体主义、社会主义精神和奋发向上、顽强拼搏的意志品质，实现以体育智、以体育心具有独特功能。

新时代背景下，加强体育要树立健康第一的教育理念，开足开齐体育课，帮助学生在体育锻炼中享受乐趣、增强体质、健全人格、锻炼意志。首先，坚持体育课教学。开足体育课时，讲授健体方法，坚持体育锻炼，养成锻炼习惯。让学生掌握两项体育运动技能，鼓励踢足球、练武术，也提倡其他各类健康有益的体育项目。其次，遏制近视率攀升。中国学生视力不良率居于世界

---

① 抓领导、抓教师、抓学生　挥别"快乐的大学"[EB/OL]. 中国政府网，2020-12-03.
② 振兴体育事业　实现强国梦想：习近平总书记关于体育工作重要讲话引起强烈反响[EB/OL]. 新华网，2017-08-28.

前列，令人担忧，保护学生视力迫在眉睫。要端正日常坐姿，减少屏幕辐射，讲究用眼卫生，开展相关干预，推广先进做法。将保护学生视力工作情况纳入各地党政领导和教育、卫生部门负责人政绩考核的指标，通过多管齐下，给学生光明的未来。再次，磨炼坚强意志。学校体育要强调"文明其精神，野蛮其体魄"，以教会学生一项运动技能入手，推进校园体育运动普及，促进文化学习与体育运动共同发展，充分发挥以体育人，促进学生健全人格发展。

2019年中共中央、国务院印发实施《中共中央国务院关于深化教育教学改革全面提高义务教育质量的意见》[①]，指出要强化体育锻炼，坚持健康第一，实施学校体育固本行动。2020年，中共中央办公厅、国务院办公厅印发了《关于全面加强和改进新时代学校体育工作的意见》[②]，针对全面加强和改进新时代学校体育工作进行指导，内容包括：其一，不断深化教学改革，包括开齐开足上好体育课，加强体育课程和教材体系建设，推广中华传统体育项目，强化学校体育教学训练，健全体育竞赛和人才培养体系。其二，全面改善办学条件，包括配齐配强体育教师，改善场地器材建设配备，统筹整合社会资源。其三，积极完善评价机制，包括推进学校体育评价改革，完善体育教师岗位评价，健全教育督导评价体系。其四，切实加强组织保障，包括加强组织领导和经费保障，加强制度保障，营造社会氛围。

第四，美育是纯洁道德、丰富精神的重要源泉。美育是审美

---

① 中共中央 国务院关于深化教育教学改革全面提高义务教育质量的意见［EB/OL］. 中国政府网，2019-07-08.

② 中共中央办公厅 国务院办公厅印发《关于全面加强和改进新时代学校体育工作的意见》和《关于全面加强和改进新时代学校美育工作的意见》［EB/OL］. 中华人民共和国教育部网，2020-10-15.

教育、情操教育、心灵教育，也是丰富想象力和培养创新意识的教育，能提升审美素养、陶冶情操、温润心灵、激发创新创造活力。美育是培养正确的审美观、发展鉴赏美和创造美的能力、培养高尚情操和文明素质的教育。美育的任务是培养学生对自然、社会和艺术的正确的审美观点及感知、鉴赏美的能力，培养他们创造和追求美的能力，发展学生艺术创作的兴趣和爱好。美育能培养学生美好的心灵，陶冶他们的情操，提高他们的精神境界，同时能培养学生的观察力、想象力和创造力，促进智力的发展。

新时代背景下，加强美育"要全面加强和改进学校美育，坚持以美育人、以文化人，提高学生审美和人文素养"。首先，要把美育工作作为一件必须做的事，不再是选修，不再是特长，强调学校的美育工作不是少数人的事，而是每个人都要做的。其次，要通过普及和传播以真善美为核心的文艺力量，观照社会现实，鼓舞人民前进，学习以爱国主义为文艺创作主旋律的优秀作品，坚持和弘扬中国精神，不断引导人民树立正确的历史观、民族观、国家观、文化观[①]，以传承和创新中华优秀传统文化为抓手，着重构中华传统人文精神，不断适应新时代文化发展需要，坚定文化自信，以文化人，以文育人，增强做中国人的骨气和底气。最后，学校要从校园文化、日常教学生活中注重对学生的美育引导，引导学生发现生活中的自然之美、人文之美。

2019年，中共中央、国务院在印发实施的《中共中央国务院关于深化教育教学改革全面提高义务教育质量的意见》中指出，要增强美育熏陶：实施学校美育提升行动，广泛开展校园艺术活动，引导学生了解世界优秀艺术，增强文化理解，鼓励学校组建

---

① 中央党校习近平新时代中国特色社会主义思想研究中心. 坚定文化自信，推动文化兴盛[N]. 经济日报，2018-08-30.

特色艺术团队，推进中华优秀传统文化艺术传承学校建设等①。2020年，中共中央办公厅、国务院办公厅印发了《关于全面加强和改进新时代学校美育工作的意见》，针对全面加强和改进新时代学校美育工作提出：其一，不断完善课程和教材体系，包括树立学科融合理念，完善课程设置，科学定位课程目标，加强教材体系建设。其二，全面深化教学改革，包括开齐开足上好美育课，深化教学改革，丰富艺术实践活动，推进评价改革，加快艺术学科创新发展。其三，着力改善办学条件，包括配齐配好美育教师，改善场地器材建设配备，统筹整合社会资源，建立美育基础薄弱学校帮扶机制。其四，切实加强组织保障，包括加强组织领导和经费保障，加强制度保障，营造社会氛围②。

第五，"在学生中弘扬劳动精神"③重申了马克思主义关于人的全面发展理论，是为了将教育与生产劳动广泛结合，坚持社会主义教育的方向性，进一步培养合格的社会主义建设者和接班人。劳动教育是传授基本的生产技术知识和生产技能，培养劳动观点和劳动习惯的教育。劳动教育的任务是通过科学技术知识的教学和劳动实践，使学生了解物质生产的基本技术知识，掌握一定的职业技术知识和技能，提高动脑和动手能力，养成良好的劳动态度和劳动习惯。

新时代背景下，加强劳动教育"要在学生中弘扬劳动精神，教育引导学生崇尚劳动、尊重劳动，懂得劳动最光荣、劳动最崇

---

① 中共中央 国务院关于深化教育教学改革全面提高义务教育质量的意见［EB/OL］. 中国政府网，2019-07-08.

② 中共中央办公厅 国务院办公厅印发《关于全面加强和改进新时代学校体育工作的意见》和《关于全面加强和改进新时代学校美育工作的意见》［EB/OL］. 中华人民共和国教育部网，2020-10-15.

③ 习近平在全国教育大会上强调 坚持中国特色社会主义教育发展道路 培养德智体美劳全面发展的社会主义建设者和接班人［N］. 人民日报，2018-09-11.

高、劳动最伟大、劳动最美丽的道理，长大后能够辛勤劳动、诚实劳动、创造性劳动"。首先，我们需要对新时代背景下劳动教育的内涵、功能及发展做出解读。劳动教育的内涵在新时代与新科技浪潮的结合下，有了新的意蕴，是具体劳动与抽象劳动、生产性劳动与非生产性劳动的结合，包含了服务性劳动，创造性劳动，信息化、数字化的非物质性劳动，数字劳动，体面劳动，虚拟劳动，共享劳动等。其次，要认识到劳动教育的双重属性机制。第一重是对劳动本身的教育，包括新时代劳动者素质至少应包含态度、情感、人生观、习惯、知识、技能、能力等。第二重是劳动对其他教育的促进作用，以劳树德、以劳增智、以劳健体、以劳育美、以劳创新，要充分意识到将劳动作为培养人才的重要途径。最后，随着劳动内涵的变化、劳动教育属性的完备，国家对现代各级各类学校中的劳动教育开展提出了新的要求，最突出地表现为劳动教育课程的变化。各级各类学校要立足当下和未来的产业结构所需的劳动力要素，构建科学多样的劳动教育课程。

2019年，中共中央、国务院印发实施《中共中央国务院关于深化教育教学改革全面提高义务教育质量的意见》指出，要加强劳动教育：充分发挥劳动综合育人功能，优化综合实践活动课程结构，创建一批劳动教育实验区等[1]。2020年《中共中央国务院关于全面加强新时代大中小学劳动教育的意见》针对加强新时代大中小学劳动教育进行全面部署。其一，充分认识新时代培养社会主义建设者和接班人对加强劳动教育的新要求。其二，全面构建体现时代特征的劳动教育体系，包括把握劳动教育基本内涵，明确劳动教育总体目标，设置劳动教育课程，确定劳动教育内容

---

[1] 中共中央 国务院关于深化教育教学改革全面提高义务教育质量的意见[EB/OL]. 中国政府网，2019-07-08.

要求,健全劳动素养评价制度。其三,广泛开展劳动教育实践活动,包括家庭要发挥在劳动教育中的基础作用,学校要发挥在劳动教育中的主导作用,社会要发挥在劳动教育中的支持作用。其四,着力提升劳动教育支撑保障能力,包括多渠道拓展实践场所,多举措加强人才队伍建设,健全经费投入机制,多方面强化安全保障。其五,要切实加强劳动教育的组织实施,包括加强组织领导,强化督导检查,加强宣传引导①。

(二)将教师队伍建设作为建设高质量教育体系的基础工作

百年大计,教育为本;教育大计,教师为本。教育的存在与发展,首要需要有一支数量充足、结构合理、素质优良的教师队伍。因为只有有了这些"先知者",教育活动才能组织、才能进行、才能提高、才能发展。建设高质量教育体系需要有一支高素质、专业化、创新型的教师队伍,要将教师队伍建设作为建设高质量教育体系的基础工作,以更加高度的政治自觉与更加有力的政策措施,确保教师队伍建设的高质量,从而推动教育体系的高质量。

第一,建设高质量教育体系,教师是立教之本、兴教之源。教师承担着传播知识、传播思想、传播真理的历史使命,肩负着塑造灵魂、塑造生命、塑造人的时代重任,是教育发展的第一资源,是国家富强、民族振兴、人民幸福的重要基石②。习近平总书记在全国教育大会上指出,"教师是人类灵魂的工程师,是人类

---

① 中共中央 国务院关于全面加强新时代大中小学劳动教育的意见[EB/OL]. 中国政府网,2020-03-26.
② 中共中央 国务院关于全面深化新时代教师队伍建设改革的意见[EB/OL]. 中国政府网,2018-01-20.

文明的传承者,承载着传播知识、传播思想、传播真理,塑造灵魂、塑造生命、塑造新人的时代重任",要"坚持把教师队伍建设作为基础工作"①。兴国必先强师,建设高质量教育体系,要深刻认识到教师队伍建设的重要意义和总体要求。

当今世界正处在大发展大变革大调整之中,新一轮科技和工业革命正在孕育,新的增长动能不断积聚,中国特色社会主义进入新时代,开启了全面建设社会主义现代化国家的新征程。决胜全面建成小康社会、夺取新时代中国特色社会主义伟大胜利、实现中华民族伟大复兴中国梦,需要高质量教育体系这一坚实的基础。同时,我国社会主要矛盾已经转化为人民日益增长的美好生活需要和不平衡不充分的发展之间的矛盾,人民对公平而有质量的教育的向往更加迫切,建设高质量教育体系迫在眉睫。时代越是向前,对高质量教育体系的需要越迫切,知识和人才的重要性就愈发突出,教育和教师的地位、作用就愈发凸显。面对我国科技强国建设的新方位、社会主义现代化国家建设的新征程、建设高质量教育体系的新使命,要从战略和全局高度充分认识教师工作的极端重要性,打造党和人民满意的高素质专业化创新型教师队伍,落实立德树人根本任务,培养德智体美劳全面发展的社会主义建设者和接班人,把全面加强教师队伍建设作为一项重大政治任务和根本性民生工程切实抓紧抓好。

第二,全面深化新时代教师队伍建设改革。新时代建设高质量教育体系要全面深化教师队伍建设改革,要确保方向,牢牢掌握教师队伍建设的领导权;要强化保障,优先满足教师队伍建设需要;要突出师德,把提高教师思想政治素质和职业道德水平摆

---

① 习近平在全国教育大会上强调 坚持中国特色社会主义教育发展道路 培养德智体美劳全面发展的社会主义建设者和接班人[N]. 人民日报,2018-09-11.

在首要位置；要深化改革，增强教师职业吸引力；要分类施策，根据各级各类教师的不同特点和发展实际定向发力。

首先，要着力提升思想政治素质，全面加强师德师风建设。从加强教师党支部和党员队伍建设入手，加强中华优秀传统文化和革命文化、社会主义先进文化教育，弘扬爱国主义精神，提高教师队伍思想政治素质。实施师德师风建设工程，弘扬高尚师德。其次，要大力振兴教师教育，不断提升教师专业素质能力。加大对师范院校支持力度，支持高水平综合大学开展教师教育；全面提高中小学教师质量，建设一支高素质专业化的教师队伍；全面提高幼儿园教师质量，建设一支高素质善保教的教师队伍；全面提高职业院校教师质量，建设一支高素质双师型的教师队伍；全面提高高等学校教师质量，建设一支高素质创新型的教师队伍。再次，要深化教师管理综合改革，切实理顺体制机制。创新和规范中小学教师编制配备；优化义务教育教师资源配置；完善中小学教师准入和招聘制度；深化中小学教师职称和考核评价制度改革；健全职业院校教师管理制度；深化高等学校教师人事制度改革。复次，要不断提高地位待遇，真正让教师成为令人羡慕的职业。明确教师的特别重要地位；完善中小学教师待遇保障机制；大力提升乡村教师待遇；维护民办学校教师权益；推进高等学校教师薪酬制度改革；提升教师社会地位。最后，要切实加强党的领导，全力确保政策举措落地见效。强化组织保障，建立教师工作联席会议制度，解决教师队伍建设重大问题；强化经费保障，将教师队伍建设作为教育投入重点予以优先保障，将教师队伍建设列入督查督导工作重点内容，完善保障机制[1]。

---

[1] 中共中央 国务院关于全面深化新时代教师队伍建设改革的意见[EB/OL]. 中国政府网，2018-01-20.

当前，我国已经把教师队伍建设作为基础工作，在全社会重振师道尊严。健全师德师风建设长效机制，出台新时代教师职业行为"十项准则"和违规处理办法系列文件，大力选树表彰宣传优秀教师典型。依法保障教师福利待遇，推动义务教育教师平均工资收入水平不低于当地公务员。统筹规范督查检查评比考核事项、社会事务进校园、精简相关报表填写工作等，切实减轻中小学教师负担，进一步营造宽松、宁静的教育教学环境和校园氛围，确保中小学教师潜心教书、静心育人。深化教师教育改革，稳步推进直属师范大学师范生公费教育，实施卓越教师培养计划，"国培计划"向中西部和困难地区倾斜，教师队伍能力素质持续提升。加大对乡村教师队伍建设支持力度，2020年全国"特岗计划"实施规模扩大到10.5万人，推动城镇优秀教师、校长向乡村学校流动，集中连片特困地区乡村教师生活补助政策实现全覆盖，农村教师队伍素质结构、学科结构等整体改善[①]。

第三，培养新时代"四有"好老师。教师队伍建设要时刻以"有理想信念，有道德情操，有扎实学识，有仁爱之心"为标准，努力成为新时代的"四有"好老师。

首先要"有理想信念"。理想信念是教师加强政治认同、对党忠诚、践行党的路线方针的思想来源。习近平总书记在学校思想政治理论课教师座谈会上强调，教师"情怀要深，保持家国情怀，心里装着国家和民族，在党和人民的伟大实践中关注时代、关注社会，汲取养分、丰富思想"[②]。教师要树立高远的理想追求，涵

---

① 陈宝生. 坚持和加强党对教育工作的全面领导　不断推进新时代教育强国建设[J]. 党建，2020（9）：14-16.
② 习近平主持召开学校思想政治理论课教师座谈会强调　用新时代中国特色社会主义思想铸魂育人　贯彻党的教育方针落实立德树人根本任务[N]. 人民日报，2019-03-19.

养深沉的家国情怀,做到以德立身、以德立学,以高远志向、良好品德、高尚情操为学生做出表率。

其次要"有道德情操"。道德情操是教师立场、学生立场的人格品质支撑,促使教师自觉遵守党的纪律、坚守精神家园、坚守人格底线。教师要坚持教育为人民服务、为中国共产党治国理政服务、为巩固和发展中国特色社会主义制度服务、为改革开放和社会主义现代化建设服务,努力培养担当民族复兴大任的时代新人,培养德智体美劳全面发展的社会主义建设者和接班人。要将这一使命牢记于心,不断提升教师队伍的政治觉悟和责任担当,强调教师自身职责的特殊性和重要性,不断增强为党的教育事业服务的责任感和使命感。

再次要"有扎实学识"。扎实学识是教书育人的基础,是教师正确宣讲马克思主义理论和马克思主义中国化理论成果的前提。教师要做到下苦功夫、求真学问,以扎实的学识支撑高水平教学,同时要躬身实践,身体力行,把自己的小课堂同社会大课堂结合起来,教育引导学生立鸿鹄志,做奋斗者。同时加大对学生的认知规律和接受特点的研究,提升教学艺术,善于运用现代信息技术,提升改造课堂的能力,注重启发性教育,引导学生发现问题、分析问题、思考问题,真正以人格魅力引导学生心灵,以学术造诣开启学生智慧之门。

最后要"有仁爱之心"。仁爱之心是师生关系和谐的灵魂,是发挥教师人格魅力、影响学生思想成长、提升思想政治教育效果的情感基础。教师要用爱培育爱、激发爱、传播爱,通过真情、真心、真诚拉近同学生的距离,滋润学生的心田,使自己成为学生的好朋友和贴心人。在教书育人实践中关注、关心、关爱每一个学生,尊重、欣赏、信任每一个学生,让每一个学生都能健康成长、茁壮成才,让每一个学生都享受成功的喜悦、美好的生活①。

四、深化新时代教育评价改革,推动建设高质量教育体系

教育评价事关教育发展方向,有什么样的评价指挥棒,就有什么样的办学导向。当前,为了进一步完善立德树人体制机制,扭转不科学的教育评价导向,坚决克服唯分数、唯升学、唯文凭、唯论文、唯帽子的顽瘴痼疾,提高教育治理能力和水平,加快推进教育现代化、建设教育强国、办好人民满意的教育,真正建设起高质量教育体系,就需要对新时代教育评价改革系统设计、辨证施治、重点突破,营造良好的教育发展生态环境。2020年,中共中央、国务院印发《深化新时代教育评价改革总体方案》,针对我国教育评价改革做出整体部署。

(一)以立德树人为主线,以"破五唯"为导向进行教育评价改革

新时代教育评价改革要以立德树人为主线,着眼于全面贯彻党的教育方针,牢记为党育人、为国育才使命,把落实立德树人根本任务、培养德智体美劳全面发展的社会主义建设者和接班人作为主线,贯穿于教育评价改革各项任务始终,引导确立科学的育人目标,确保教育正确发展方向,坚定不移走中国特色社会主义教育发展道路。如何用一个科学系统的尺度来把握立德树人根

---

① 教育部习近平新时代中国特色社会主义思想研究中心. 新时代加强教师队伍建设的关键所在[N]. 光明日报,2019-06-11.

本任务的落实与完成，需要我们既见微知著、润物无声，又能直面问题，使学生、教师乃至全社会在人生观、价值观方面摆正方向，奋勇前行，需要我们把握重点，着眼于思想品德和精神文明。

新时代教育评价改革要以"破五唯"为导向，从党中央关心、群众关切、社会关注的问题入手，紧扣破除"唯分数、唯升学、唯文凭、唯论文、唯帽子"的顽瘴痼疾，立足基本国情，坚持积极、稳慎、务实，改进结果评价，强化过程评价，探索增值评价，健全综合评价，既大力破除不科学、不合理的教育评价做法和导向，又着力建立科学的、符合时代要求的教育评价制度和机制[1]。一方面要健全教育评价改革制度体系，夯实"破五唯"的制度基础。系统梳理学校相关领域的规章制度，集中推进制度废改立工作，多角度引导评价工作，突出科学精神、创新质量、服务贡献，营造风清气正、潜心治学、宁静和谐的学校环境。另一方面，要树立学术自信，强化"破五唯"的厚重底气。坚持质量优先标准，摒弃简单以刊物影响力判断研究成果质量的做法，积极探索同行评议制度和学术成果代表作制度。坚持尊重学科建设规律，坚持激发学科创新活力[2]。

（二）围绕党委和政府、学校、教师、学生、社会五类主体进行教育评价改革

新时代教育评价改革要以党委和政府、学校、教师、学生、社会五类为主体，立足全局，坚持整体谋划、系统推进，充分考虑不同主体的不同情况，充分考虑基础教育、职业教育、高等教

---

[1] 教育部负责人就《深化新时代教育评价改革总体方案》答记者问 [EB/OL]. 中国政府网，2020-10-14.
[2] 邱水平."破五唯"，要有制度基础，还要有厚重底气 [N]. 光明日报，2020-10-18.

育和大中小幼不同学段教育的特点，分类分层研究教育评价改革思路，提出改革措施，明确实施路径，增强改革的系统性、整体性、协同性[①]。

新时代教育评价改革，一是要改革党委和政府教育工作评价，推进科学履行职责。要完善党对教育工作全面领导的体制机制，各级党委和政府要完善定期研究教育工作机制，建立健全党政主要负责同志深入教育一线调研、为师生上思政课、联系学校和年终述职必述教育工作等制度。要完善政府履行教育职责评价，既要评估最终结果，也要考核努力程度及进步发展。要坚决纠正片面追求升学率倾向，明确提出"三不得一禁止"。

二是要改革学校评价，推进落实立德树人根本任务。要坚持把立德树人成效作为根本标准，坚决克服重智育轻德育、重分数轻素质等片面办学行为，促进学生身心健康、全面发展。要完善幼儿园评价，重点评价幼儿园科学保教、规范办园、安全卫生、队伍建设、克服小学化倾向等情况。要改进中小学校评价，制定义务教育学校办学质量评价标准、普通高中办学质量评价标准。要健全职业学校评价，引导培养高素质劳动者和技术技能人才，推动健全终身职业技能培训制度。要改进高等学校评价，推进高校分类评价，引导不同类型高校科学定位，办出特色和水平。

三是要改革教师评价，推进践行教书育人使命。要坚持把师德师风作为第一标准，推动师德师风建设常态化、长效化。要突出教育教学实绩，把认真履行教育教学职责作为评价教师的基本要求，引导教师上好每一节课、关爱每一个学生。要强化一线学生工作，明确领导干部和教师参与学生工作的具体要求。要改进

[①] 教育部负责人就《深化新时代教育评价改革总体方案》答记者问[EB/OL]. 中国政府网，2020-10-14.

高校教师科研评价，突出质量导向，重点评价学术贡献、社会贡献以及支撑人才培养情况。要推进人才称号回归学术性、荣誉性，切实精简人才"帽子"，优化整合涉教育领域各类人才计划。

四是要改革学生评价，促进德智体美劳全面发展。要树立科学成才观念，坚持以德为先、能力为重、全面发展。要完善德育评价、强化体育评价、改进美育评价、加强劳动教育评价，创新德智体美劳过程性评价办法，完善综合素质评价体系。要严格制定学业标准，完善各级各类学校学生学业要求，严把出口关。要深化考试招生制度改革，稳步推进中高考改革，加快完善初、高中学生综合素质档案建设和使用办法，完善高等职业教育"文化素质＋职业技能"考试招生办法，深化研究生考试招生改革。

五是要改革用人评价，共同营造教育发展良好环境。要树立正确用人导向，建立以品德和能力为导向、以岗位需求为目标的人才使用机制，形成不拘一格降人才的良好局面。要促进人岗相适，科学合理确定岗位职责，坚持以岗定薪、按劳取酬、优劳优酬，建立重实绩、重贡献的激励机制[1]。

五、建设扎根中国大地的高质量教育体系

建设高质量教育体系要体现中国特色，要扎根中国大地。既要求发展面向现代化、面向世界、面向未来的教育，体现教育改革发展的开放性、前瞻性，重视引进世界上教育现代化优秀成果；又要求必须把坚持中国特色、立足中国国情民情作为办教育的基本出发点，即在新时代建设高质量教育体系必须体现中国特色，

---

[1] 中共中央　国务院印发深化新时代教育评价改革总体方案[EB/OL]. 中国政府网，2020-10-13.

强调坚持中国共产党领导，坚持社会主义办学方向，继承和发扬中华优秀传统文化，强调要把面向世界开放发展与中国特色中国实际紧密结合起来，强调要推进中国教育、文化走出去。建设高质量教育体系必须同党和国家事业发展要求相适应，同人民群众期待相契合，同我国综合国力和国际地位相匹配，具有中国特色世界水平。

（一）坚持教育自信与文化自信的统一

教育是民族传承的基本载体，是精神培育与文化承袭的主渠道和重要工具，代表了民族精神的根基，凝聚着爱国主义的灵魂。教育自信与文化自信两者辩证统一，教育自信是文化自信的坚实基础，文化自信是教育自信的力量引领，要坚定扎根中国大地建立高质量教育体系，坚定文化自信，实现文化育人。

中国自古有重教、乐教、助教、兴教的优秀传统，有注重家庭、注重家教、注重家风的良好习惯，历经数千年形成了许多符合教育规律的历史经验，无数优秀教育家的教育思想与实践书写了中国教育发展史上浓墨重彩的篇章。中华优秀传统文化，特别是优秀的教育传统所具有的丰富蕴含与精髓旨要铸就了中国教育发展的辉煌历史，在世界教育发展史上独树一帜，时至今日仍然闪耀着时代的光芒，为新时代发展教育事业、建设教育强国提供了丰厚的滋养，也为世界教育的发展做出了独特贡献，是我们扎根中国大地建设高质量教育体系的精神源泉和重要力量。

建设高质量教育体系，坚持教育自信与文化自信相统一，首先要用中华民族一切优秀文明成果育人。中华文化源远流长、博大精深，蕴含着丰富的哲学思想、人文精神、道德理念，蕴含着实现中国梦的中国精神，这是中国土壤的营养内核。习近平总书记指出:"对历史文化特别是先人传承下来的价值理念和道德规范,要坚持古为今用、推陈出新,有鉴别地加以对待,有扬弃地予以继承,努力用中华民族创造的一切精神财富来以文化人、以文育人。"① 其次,要用革命文化熏陶人。革命精神是革命文化的灵魂。建设中国特色社会主义高质量教育体系就要用革命精神教育学生、感染学生,使红色基因渗透进学生的血液与心脏。最后,要用社会主义先进文化引导人。在教育中培育和践行社会主义核心价值观,既要从中华优秀传统文化中汲取思想精华和道德精髓,又要从红色革命文化中获得智慧滋养和精神砥砺,把立德树人作为教育的根本任务,融入思想道德教育、文化知识教育、社会实践教育各环节,不断促进学生全面发展、健康成长。

(二)坚持中国特色与放眼世界的统一

2014年5月,习近平总书记在北京大学调研时指出:"办好中国的世界一流大学,必须有中国特色。没有特色,跟在他人后面亦步亦趋,依样画葫芦,是不可能办成功的。这里可以套用一句话,越是民族的越是世界的。"② 办好一所好大学需要有中国特色,建设好中国的高质量教育体系就更需要有中国特色,同时,建设扎根中国大地的高质量教育体系并不是故步自封,而是要将中国特色与放眼世界两者有机结合起来。

一方面,建设扎根中国大地的高质量教育体系要始终坚持中国特色。所谓"中国特色"就是要坚持以人民为中心发展教育的价值追求,立足中国国情与教育实际,坚守教育实践的民族性,

---

① 人民日报评论部."四个全面"学习读本[M].北京:人民出版社,2015:84.
② 习近平.青年要自觉践行社会主义核心价值观:在北京大学师生座谈会上的讲话[M].北京:人民出版社,2014:12-13.

最终满足人民群众对教育的期待。中国特色主要体现在办学理念、发展路径与体制机制等方面，贯穿于人才培养、科学研究、社会服务、文化传承与创新、国际交流合作等职能。我国学校要坚决捍卫办学主权和自主性，要扎根中国大地，解决中国问题，要把"中国特色"注入学校建设之"魂"，彰显中国学校的民族特性、学术自觉和教育自信，绝不能成为西方发达国家或境外某些势力的附庸。

另一方面，建设扎根中国大地的高质量教育体系又要放眼世界，坚持中外融通。扎根中国大地办教育绝不是拒绝"国际化"，而是要在"国际化"进程中始终坚持中国本位，既能"放得开"又要"守得住"。我们既要学习借鉴世界上的先进教育模式，积极吸收先进教育的实践经验，又要瞄准现代教育发展趋势，积极参与国际教育交流与合作，并结合我国实际进行本土化的改造，将其转化为提升我国教育水平的着力点和生长点。我们要将两者辩证统一起来，构建具有中国特色的教育实践方案与理论成果，为世界教育和人类文明做出独特的贡献[①]。

六、构建德智体美劳全面培养的教育体系

2018年9月，习近平总书记在全国教育大会上指出，要努力构建德智体美劳全面培养的教育体系，形成更高水平的人才培养体系。2019年6月，国务院办公厅印发《关于新时代推进普通高中育人方式改革的指导意见》，明确要求"到2022年，德智体美劳全面培养体系进一步完善，立德树人落实机制进一步健全"。健

---

① 冯刚，陈步云. 扎根中国大地办好中国特色社会主义教育［EB/OL］. 中国教育新闻网，2018-11-01.

全立德树人的落实机制，构建德智体美劳全面培养的教育体系，是习近平总书记在全国教育大会上着重阐述的一个重大问题，指出了我们人才培养体系的核心所在、关键所在。立德树人是教育的根本任务，德智体美劳全面发展是立德树人的具体体现，落实立德树人的根本任务，就必须着力构建起实现德智体美劳全面培养的教育体系。

（一）德智体美劳是一个完整的要素体系，缺一不可，构建德智体美劳全面培养的教育体系就是要确保五个要素完整落实

德智体美劳全面发展，既是对人的素质定位的基本准则，也是人类社会教育的趋向目标。德智体美劳五个方面是一个相辅相成、不可或缺的有机整体。只有德智体美劳全面发展了，才能说"立德树人"目标实现了。换而言之，让学生德智体美劳全面发展，归根到底就是"立德树人"，这是教育事业发展必须始终牢牢抓住的灵魂。德智体美劳五个要素从目标定位上，就是"德"定方向、"智"长才干、"体"健身躯、"美"塑心灵、"劳"助梦想，这"五位一体"的培养路径充分结合了人的精神和身体成长需要、有机统一了人的个体性和社会性的辩证关系，是对马克思主义人的自由全面发展思想的继承和深化。

从内容要求来看，加强德育，就是要在加强品德修养上下功夫，教育引导学生培育和践行社会主义核心价值观，踏踏实实修好品德，成为有大爱大德大情怀的人。德育是教育者按照社会的要求，对受教育者施加影响以形成所期望的政治立场、世界观和道德品质的教育。德育的任务是培养学生爱党爱国爱人民的国家意识和社会责任意识，教育学生理解、认同和拥护国家政治制度，

坚持把服务中华民族伟大复兴作为教育的重要使命

了解中华优秀传统文化和革命文化、社会主义先进文化，增强中国特色社会主义道路自信、理论自信、制度自信、文化自信，引导学生准确理解和把握社会主义核心价值观的深刻内涵和实践要求，养成良好政治素质、道德品质、法治意识和行为习惯，形成积极健康的人格和良好心理品质，促进学生核心素养提升和全面发展，为学生成长奠定坚实的思想基础。国家教委1993年3月颁发了《小学德育纲要》，明确了小学的德育内容，主要包含热爱祖国的教育，热爱中国共产党的教育，热爱人民的教育，热爱集体的教育，热爱劳动、艰苦奋斗的教育，努力学习、热爱科学的教育，文明礼貌、遵守纪律的教育，民主与法制观念的启蒙教育，良好的意志、品格的教育，辩证唯物主义观点的启蒙教育等10条，并对每条教育的内容做了详细的解释和说明，提出了明确的教育目标和教育途径。1988年，国家教委发布并试行《中学德育大纲》，规定了教育系统要针对不同年级、学生的特点和需要，有计划、有步骤地进行综合的系统的经常的思想政治道德教育。基本内容为：

初中阶段：（1）初步的马克思主义常识教育，初步的社会发展规律的教育，中国特色社会主义建设基本常识。（2）爱国主义教育和国际主义教育：国家观念的教育；热爱祖国河山、文化、人民以及悠久历史和优良传统的教育；社会主义建设伟大成就的教育；尊重兄弟民族，加强民族团结的教育；热爱和平，同各国人民友好往来的教育。（3）理想教育：中国特色社会主义共同理想和共产主义远大理想的教育，为实现我国社会主义现代化而奋发学习的学习目的的教育。（4）道德教育：《中学生日常行为规范》的教育和训练；社会主义人道主义教育；公民道德和社会公德教育，热爱集体、维护集体利益的教育，初步的职业道德教育。

（5）劳动教育：热爱劳动和勤劳致富的教育，尊重劳动人民的教育，勤劳俭朴和珍惜劳动成果的教育。（6）社会主义民主、法制与纪律的教育：公民的基本权利和义务的教育，初步的民主和法制观念的教育以及宪法、刑法等法律知识的教育，自由和纪律关系的教育，《中学生守则》的教育。（7）身心卫生与个性发展教育：青春期心理卫生和性道德教育，男女同学真诚友谊的教育，良好意志品格和审美情趣培养的教育，升学、就业指导。

高中阶段：（1）马克思主义常识教育：初步的人生观和世界观教育，经济常识教育，政治常识教育。（2）爱国主义教育：为祖国富强、人民富裕贡献青春的教育；正确认识中华民族传统文化，抵制资本主义腐朽思想侵蚀的教育；国家利益高于一切的教育；拥护民族政策，维护民族团结和祖国统一的教育。（3）国际主义教育：独立自主的和平外交政策及热爱和平的教育，发展各国人民之间友好合作的教育，献身人类进步事业的教育。（4）理想教育：进一步的中国特色社会主义共同理想和共产主义远大理想的教育，立志成才、回报社会、奉献国家的教育。（5）道德教育：社会主义社会人际关系的教育，现代文明生活方式和交往礼仪的教育，个人利益、集体利益和国家利益相结合的社会主义集体主义观念教育，职业道德教育，提倡共产主义精神的教育。（6）劳动教育：进一步加强劳动教育与社会实践指导，端正社会主义劳动态度和提高劳动生产效率的教育，艰苦奋斗、勤俭建国的教育。（7）民主、法制与纪律教育：社会主义民主政治教育，进一步的法制与纪律教育。（8）身心卫生与个性发展教育：继续进行青春期教育，加强心理保健指导，加强良好意志性格的教育。

此外，初、高中还要进行形势任务和时事政策教育、革命传统教育、审美教育。德育通过思想政治课，其他各科教学，班主任工作，共青团、少先队、学生会，劳动与社会实践，课外活动，校外教育、家庭教育、社会教育等途径实施。学生品德的评定，要坚持实事求是的原则，实行民主评定。操行等级分为优秀、良好、及格、不及格四级，操行评语由班主任负责。学校、年级组是实施《中学德育大纲》的重要环节，班主任是班级的直接组织者和领导者，思想政治课和日常思想品德教育应互相配合，各科教师、全体职工都要坚持教育育人、管理育人、服务育人，形成合力。各级教育行政主管部门、各类别各层次学校要切实加强对实施《中学德育大纲》情况的领导和管理[①]。新时代立德树人，要在秉承中小学德育纲要的基础上，结合时代的新要求，对德育的内涵与内容进行深刻的理解，在日常教学活动中，对学生进行全方位沉浸式德育培养。2017年8月17日，教育部发布的《中小学德育工作指南》对新时代德育内容做出了如下具体要求：一是加强理想信念教育。开展马克思列宁主义、毛泽东思想学习教育，加强中国特色社会主义理论体系学习教育，引导学生深入学习习近平总书记系列重要讲话精神，领会党中央治国理政新理念新思想新战略。加强中国历史特别是近现代史教育、革命文化教育、中国特色社会主义宣传教育、中国梦主题宣传教育、时事政策教育，引导学生深入了解中国革命史、中国共产党史、改革开放史和社会主义发展史，继承革命传统，传承红色基因，深刻领会实现中华民族伟大复兴是近代以来中华民族最伟大的梦想，培养学生对党的政治认同、情感认同、价值认同，不断树立为共产主义远大理想和中国特色社会主义共同理想奋斗的信念和信心。二是社会主义核心价值观教育。把社会主义核心价值观融入国民

---

① 顾明远. 教育大辞典［M］. 上海：上海教育出版社，1998.

教育全过程，落实到中小学教育教学和管理服务各环节，深入开展爱国主义教育、国情教育、国家安全教育、民族团结教育、法治教育、诚信教育、文明礼仪教育等，引导学生牢牢把握富强、民主、文明、和谐作为国家层面的价值目标，深刻理解自由、平等、公正、法治作为社会层面的价值取向，自觉遵守爱国、敬业、诚信、友善作为公民层面的价值准则，将社会主义核心价值观内化于心，外化于行。三是中华优秀传统文化教育。开展家国情怀教育、社会关爱教育和人格修养教育，传承发展中华优秀传统文化，大力弘扬核心思想理念、中华传统美德、中华人文精神，引导学生了解中华优秀传统文化的历史渊源、发展脉络、精神内涵，增强文化自觉和文化自信。四是生态文明教育。加强节约教育和环境保护教育，开展大气、土地、水、粮食等资源的基本国情教育，帮助学生了解祖国的大好河山和地理地貌，开展节粮节水节电教育活动，推动实行垃圾分类，倡导绿色消费，引导学生树立尊重自然、顺应自然、保护自然的发展理念，养成勤俭节约、低碳环保、自觉劳动的生活习惯，形成健康文明的生活方式。五是心理健康教育。开展认识自我、尊重生命、学会学习、人际交往、情绪调适、升学择业、人生规划以及适应社会生活等方面的教育，引导学生增强调控心理、自主自助、应对挫折、适应环境的能力，培养学生健全的人格、积极的心态和良好的个性心理品质。

　　加强智育，就是要在增长知识见识上下功夫，教育引导学生珍惜学习时光，心无旁骛求知问学，增长见识，丰富学识，沿着求真理、悟道理、明事理的方向前进。智育是传授系统科学文化知识，形成科学的世界观，培养基本的技能技巧和发展智力的教育。智育的任务是以系统的科学文化知识武装学生头脑，给予基本技能、技巧的训练，使他们具有运用知识于实际的本领，发展他们的智力，掌握从事社会主义现代化建设的实际本领，从而在社会实践中实现个体的全面发展。新时代背景下，智育应体现以学习知识为本职，以立足国情为使命，以全球视野为站位，以奋斗精神为动力。学习知识是学生的天职，青少年学生应珍惜光阴，心无旁骛，如饥似渴地学习知识。既重视宽度，又重视深度。既掌握知识，又形成见识。既把握特点，又洞悉规律。既勤于学习，又敢于创新、勇于实践，求真理、悟道理、明事理。立足国情是青少年的历史使命。激发好奇心、想象力，面对每一位学生，减轻过重的课业负担。了解中华文化变迁，触摸中华文化脉络，感受中华文化魅力，汲取中华文化精髓。与此同时，关注世界形势及其发展变化，开阔学生视野，借鉴异域长处，摒弃陈旧思想。奋斗精神是动力和保障。培养学生的责任感、坚强意志、吃苦耐劳精神。立鸿鹄志，做奋斗者；志不求易，事不避难；敢于担当，不懈奋斗；刚健有为，自强不息。

加强体育，就是要树立健康第一的教育理念，开足开齐体育课，帮助学生在体育锻炼中享受乐趣、增强体质、健全人格、锻炼意志。体育是全面发展体力，增强体质，传授和学习健身知识和体育运动技能的教育。体育的任务是知道学生锻炼身体，全面发展学生的身体素质，教授学生逐步掌握体育运动的基本知识和技能以及卫生保健知识。体力和体质的发展是个性全面发展的生理基础，人民进行生产活动、社会活动、军事活动或幸福地生活都离不开强健的体魄，体育是全面发展教育的重要组成部分。新时代背景下，习近平总书记在第十三届全运会开幕前夕发表讲话指出，国运兴，体育兴；体育强，中国强[①]。建设体育强国是我

[①] 振兴体育事业 实现强国梦想：习近平总书记关于体育工作重要讲话引起强烈反响[EB/OL]. 新华网，2017-08-28.

中华民族伟大复兴梦的重要组成部分。2019年6月23日，中共中央、国务院印发实施《关于深化教育教学改革全面提高义务教育质量的意见》① 指出，坚持健康第一，实施学校体育固本行动。严格执行学生体质健康合格标准，健全国家监测制度。除体育免修学生外，未达体质健康合格标准的，不得发放毕业证书。开齐开足体育课，将体育科目纳入高中阶段学校考试招生录取计分科目。科学安排体育课运动负荷，开展好学校特色体育项目，大力发展校园足球，让每位学生掌握1~2项运动技能。广泛开展校园普及性体育运动，定期举办学生运动会或体育节。鼓励地方向学生免费或优惠开放公共运动场所。通过购买服务等方式，鼓励体育类社会组织为学生提供高质量体育服务。精准实施农村义务教育学生营养改善计划。健全学生视力健康综合干预体系，保障学生充足睡眠时间。这就要求新时代学校体育应注意以下几个方面：首先，坚持体育课教学。开足体育课时，讲授健体方法，坚持体育锻炼，养成锻炼习惯。让学生掌握两项体育运动技能，鼓励踢足球、练武术，也提倡其他各类健康有益的体育项目。其次，遏制近视率攀升。中国学生视力不良率居世界前列，令人担忧，保护学生视力迫在眉睫。要端正日常坐姿，减少屏幕辐射，讲究用眼卫生，开展相关干预，推广先进做法。将保护学生视力工作情况，纳入各地党政领导和教育、卫生部门负责人政绩考核的指标，多管齐下，给学生光明的未来。再次，磨炼坚强意志。学校体育要"文明其精神，野蛮其体魄"。

　　加强美育，就是要全面加强和改进学校美育，坚持以美育人、以文化人，提高学生审美和人文素养。美育是培养正确的审美观，

---

① 中共中央　国务院关于深化教育教学改革全面提高义务教育质量的意见[EB/OL]. 中国政府网，2019-07-08.

发展鉴赏美和创造美的能力，培养高尚情操和文明素质的教育。美育的任务是培养学生对自然、社会和艺术的正确的审美观点和感知、鉴赏美的能力，培养他们创造和追求美的能力，发展学生艺术创作的兴趣和爱好。美育能培养学生美好的心灵，陶冶他们的情操，提高他们的精神境界，同时能培养学生的观察力、想象力和创造力，促进智力的发展。习近平总书记在党的十九大报告中指出，"我国社会主要矛盾已经转化为人民日益增长的美好生活需要和不平衡不充分的发展之间的矛盾"，以及"我们要在继续推动发展的基础上，着力解决好发展不平衡不充分问题，大力提升发展质量和效益，更好满足人民在经济、政治、文化、社会、生态等方面日益增长的需要，更好推动人的全面发展、社会全面进步"。这就表明，不管是人的全面发展，还是社会的全面进步，都离不开美育这项至关重要的工作。通过美育教育，让每一个中国人提高自己的审美和人文素养，让每一个中国人的生活过得美美的。这是以人民为中心的发展理念在美育中的体现。在以往的教学活动中，由于高考指挥棒的评价体系，导致美育在学校教学中的严重缺失，成为可上可不上的课程。因此，加强美育，首先就是要把美育工作作为一件必须做的事，不再是选修，不再是特长。其次，学校的美育工作不是少数人的事，而是每个人都要做的。最后，学校要从校园文化、日常教学生活中注重对学生的美育引导，引导学生发现生活中的自然之美、人文之美。2019年6月23日，中共中央、国务院印发实施《关于深化教育教学改革全面提高义务教育质量的意见》[1]，指出要着力增强美育熏陶：实施学校美育提升行动，严格落实音乐、美术、书法等课程，结合地方文

---

[1] 中共中央 国务院关于深化教育教学改革全面提高义务教育质量的意见[EB/OL]. 中国政府网，2019-07-08.

化设立艺术特色课程。广泛开展校园艺术活动，帮助每位学生学会1~2项艺术技能，会唱主旋律歌曲。引导学生了解世界优秀艺术，增强文化理解。鼓励学校组建特色艺术团队，办好中小学生艺术展演，推进中华优秀传统文化艺术传承学校建设。通过购买服务等方式，鼓励专业艺术人才到中小学兼职任教。支持艺术院校在中小学建立对口支援基地。

加强劳动教育，就是要在学生中弘扬劳动精神，教育引导学生崇尚劳动、尊重劳动，懂得劳动最光荣、劳动最崇高、劳动最伟大、劳动最美丽的道理，长大后能够辛勤劳动、诚实劳动、创造性劳动。劳动技术教育是传授基本的生产技术知识和生产技能，培养劳动观点和劳动习惯的教育。劳动教育的任务是通过科学技术知识的教学和劳动实践，使学生了解物质生产的基本技术知识，掌握一定的职业技术知识和技能，提高动脑和动手能力，养成良好的劳动态度和劳动习惯。随着我国物质文明的提高，劳动教育逐渐弱化，当前亟待加强。习近平总书记在全国教育大会上指出，"培养德智体美劳全面发展的社会主义建设者和接班人"，"要在学生中弘扬劳动精神，教育引导学生崇尚劳动、尊重劳动，懂得劳动最光荣、劳动最崇高、劳动最伟大、劳动最美丽的道理，长大后能够辛勤劳动、诚实劳动、创造性劳动"。重申了立德树人的根本任务，把"劳"纳入全面发展要求，丰富了新时代党的教育方针的内涵，丰富了德智体美劳"五育"并举的工作目标体系，也对教育界提出了加强劳动教育的新任务、新课题。这首先要求我们对新时代背景下劳动教育的内涵、功能及发展做出解读。劳动教育的内涵在新时代与新科技浪潮的结合下有了新的意蕴，是具体劳动与抽象劳动、生产性劳动与非生产性劳动的结合，包含了服务性劳动，创造性劳动，信息化、数字化的非物质性劳动，数字劳动，体面劳动，虚拟劳动，共享劳动等。要认识到劳动教育的双重属性机制：第一重是对劳动本身的教育，包括新时代劳动者素质至少应包含态度、情感、人生观、习惯、知识、技能、能力等。第二重是劳动对其他教育的促进作用。"以劳树德、以劳增智、以劳健体、以劳育美、以劳创新"，要充分意识到将劳动作为培养人才的重要途径。新时代背景下，随着劳动内涵的变化，劳动教育属性的完备对现代各级各类学校中的劳动教育开展提出了新的要求，最突出表现为劳动教育课程的变化。各级各类学校要立足当下和未来的产业结构所需的劳动力要素，构建科学多样化的劳动教育课程。

为此，构建德智体美劳全面培养的教育体系，必须把德智体美劳作为一个完整的要素体系，抓好两个环节实施，确保五个要素完整落实。

一是把好人才培养方案这个"总开关"，德智体美劳五个要素要安排全面，要求到位。人才培养方案是高等院校落实党和国家关于人才培养总体要求，组织开展教学活动、安排教学任务的规范性文件，是实施专业人才培养和开展质量评价的基本依据。培养方案既是高校办学理念的体现，更是实现高校基础职能的具象化。目前各级各类教育在制定人才培养方案过程中，还存在思想上重智轻德、实践上知行"两张皮"、方法上针对性和感染力不强、学校与社区家庭"共育"机制不完善等一些亟须解决的问题，导致德智体美劳实施不平衡，不利于全面发展育人目标的实现。解决这些问题的突破口就是要坚持落实立德树人根本任务，在人才培养方案中对德智体美劳要安排全面，要求到位，形成"五育"并举的课程体系。"五育"并举不是五育各自独立进行，而是需要实现五育融通。学生是五育统一的载体，人才培养方案的制定首先要清楚五育的独立性和有机融合，有意识地将五育和教学活动、实践活动结合起来。

二是要深化教育体制改革，健全立德树人落实机制，扭转不科学的教育评价导向，从根本上解决教育评价"指挥棒"问题。习近平总书记提出，"要把立德树人的成效作为检验学校一切工作的根本标准"①，"教育评价事关教育发展方向"②。反思我们当前的教育评价体系，一方面，教育评价体系普遍存在过度重视智育，轻体育、美育，甚至是缺劳育评价的问题；存在智育评价"实"，其他四育评价"虚"的问题。2018年首份《中国义务教育质量监测报告》③ 显示，我国学生在学业上表现良好，但其他能力相对薄弱。在"德"育评价中，家长和学生的精神文明建设落后于物质文明建设，学校中喜欢品德课的学生比例为各学科中最低。家长对孩子日常行为习惯的关注不足20%。在"体"育评价中，我国中小学生身体的基本重要指标下降，肥胖、近视和睡眠不足问题较为突出。在"美"育评价中，发现学生虽然演唱表现较好，但音乐听辨能力与赏析能力、美术基础知识与赏析能力均有待提高。在"劳"育评价中，大多数青年不仅缺乏劳动精神、缺乏劳动技能，也存在不尊重劳动、不热爱劳动的错误价值观。2019年经济合作与发展组织（OECD）公布的2018年国际学生评估项目（PISA2018）的测试结果④发现，我国四省（市）（北京、上海、江苏、浙江）学生幸福感偏低，对未来的期待不高，缺少自主规

---

① 习近平. 在北京大学师生座谈会上的讲话［M］. 北京：人民出版社，2018：7.
② 习近平主持召开中央全面深化改革委员会第十四次会议强调：依靠改革应对变局开拓新局 扭住关键鼓励探索突出实效［EB/OL］. 中国政府网，2020-06-30.
③ 我国首份《中国义务教育质量监测报告》发布［EB/OL］. 中华人民共和国教育部网，2018-07-24.
④ 这份成绩单 应该怎么看［N］. 人民日报，2019-12-05.

划人生、大胆作为的积极性。这一结果深刻透视了我们过去长期以来在有关青少年理想信念、人生观、价值观教育方面有所欠缺的事实。另一方面,现行的教育评价制度注重结果评价,强调评价的鉴别、确证和检查功能,"唯分数、唯升学、唯文凭、唯论文、唯帽子"等硬性指标评价体系,主要关注目标达成度,对实现教育目标的过程并不重视,忽视了受教育主体在教育中的实际成长过程。扭转教育评价是德智体美劳人才培养体系落实的一个突破口。习近平总书记在全国教育大会上明确指出:要深化教育体制改革,健全立德树人落实机制,扭转不科学的教育评价导向,坚决克服"唯分数、唯升学、唯文凭、唯论文、唯帽子"的顽瘴痼疾,从根本上解决教育评价指挥棒问题。① 2014 年,《教育部关于全面深化课程改革落实立德树人根本任务的意见》提出:"要根据学生的成长规律和社会对人才的需求,把对学生德智体美全面发展总体要求和社会主义核心价值观的有关内容具体化、细化,深入回答'培养什么人、怎样培养人'的问题。教育部将组织研究提出各学段学生发展核心素养体系,明确学生应具备的适应终身发展和社会发展需要的必备品格和关键能力,突出强调个人修养、社会关爱、家国情怀,更加注重自主发展、合作参与、创新实践。"②

为此,我们要完善评价"指挥棒",建立健全德智体美劳全要素、实质性评价体系,引导学生主动全面发展。从评价功能来讲,就是要为学生全面发展服务,而不仅仅是为升学服务;从评价内

---

① 习近平在全国教育大会上强调 坚持中国特色社会主义教育发展道路 培养德智体美劳全面发展的社会主义建设者和接班人 [N]. 人民日报,2018-09-11.
② 教育部关于全面深化课程改革落实立德树人根本任务的意见 [EB/OL]. 中华人民共和国教育部网,2014-04-08.

容来讲，应是综合素质、全面发展的评价，要突出考查学生品德发展、学业发展、身心健康、兴趣特长和劳动实践等；从评价的方法来讲，要从结果性评价转变为过程性评价；从评价结果的运用来讲，就是要更多地发挥评价对提升学校教育教学质量、改进学生学习和行为习惯的重要作用，要更多地体现"有教无类、人人成才"的教育理念。

（二）德智体美劳是一个相互联系的内容体系，不可分割，构建德智体美劳全面培养的教育体系就是要努力使五个要素贯通落实

德智体美劳是一个紧密联系的辩证统一体，以德育为核心，共同服务于"立德树人"这一教育根本任务。教育部部长陈宝生指出，要把握德智体美劳五个方面深层次的内在联系，德智体美劳要一分为二看，建设德智体美劳全面培养体系要合二为一干。德智体美劳五个方面从理论上来看，各有其本质特征，各有其内在要求；但在实践层面，德智体美劳五个方面是一个相辅相成、相互渗透、不可或缺的有机整体，"五育"都有其自身的特点和在教育中的功能作用，各部分都不可能孤立地对学生发生作用。正如苏霍姆林斯基所说："没有单独的'智育'，也没有单独的'德育'，也没有单独的'劳动教育'。"德智体美劳"五育"之间不可分割、相互渗透，具体表现在：一是统一在一个人身上，它们是一个整体的人的发展的各个方面，存在于一个统一的结构之中。只是在理论抽象中才各自独立存在，在实际生活中它们总是作为一个完整的个性表现出来。二是各要素之间是相互渗透、相互包含的，如：德、智、体、美、劳中都有"知"的因素，而在智中，道德认知，政治、哲学知识与德分不开，包含了"德"的因素，

德与美、美与体、智与劳等都不可分。三是各因素之间是相互制约、相互促进的，如：德育任何时候都是制约人的发展方向的，影响各育效果的性质，为人的发展提供动力；智育为各育目标的实现提供必要的科学知识基础和智力基础；体育不仅为各育实施提供身体条件，还可以培养人的兴趣、性格、动机、意志等非智力因素；美育可以辅德、益智、健体；劳育在促进脑力劳动与体力劳动结合，使学生手脑并用、理论与实践相结合方面有重要作用。

为此，构建德智体美劳全面培养的教育体系，必须把德智体美劳作为一个相互联系的内容体系予以整体考虑，把握好德智体美劳"五育"之间的内在联系与相互融合、相互促进的发展规律。在实施培养的各环节，各部门要"左顾右盼""瞻前顾后"，努力探索德智体美劳"五育"并举的育人模式，将"一分为五，合五为一"的方式方法融入一切教育教学活动；要更加注重坚守"一项活动渗透五种教育，五种教育指向同一目标"的工作理念，准确把握"五育"之间的辩证关系，各发其力，同频共振，合力打造品德高尚、知识扎实、体魄强健、心灵美好、尊重劳动的德智体美劳全面发展的社会主义建设者和接班人。

（三）德智体美劳全面培养是一个涉及多层面、多系统的综合体系，不可脱钩，构建德智体美劳全面培养的教育体系就是要各系统整合设计，同向发力

习近平总书记在全国教育大会上的重要讲话擘画了落实立德树人根本任务四个方面的实施路径，为系统设计、整体规划构建起一个全新的教育体系和更高水平的人才培养体系，提供了一种整体观的方法论，搭建了一个可行的实践框架。"构建德智体美劳全面培养的教育体系，形成更高水平的人才培养体系"，必须把德

智体美劳作为一个涉及多层面、多系统的完整体系，整合设计，同向发力，切忌碎片化、分散化、点状式的错误做法。

一是要体系整合设计。构建德智体美劳全面培养的教育体系，要紧紧围绕立德树人根本任务，把"德智体美劳"等素质要素融入学科体系、教学体系、教材体系、管理体系，在人才培养体系中形成整体，产生合力。要以"双一流"建设为契机，突出特色优势，统筹好高峰、高原和基础学科之间的关系，建设高水平的学科体系，并充分发挥学科育人功能。要切实把立德树人摆在教育教学工作的核心位置，并渗透到各个学科的教学工作中，有效解决教学与教育、教书和育人的衔接与融合问题，把立德树人的成效作为检验教学工作的根本标准。要着力建设知识结构完备、方式方法先进的教学体系，提升课堂教学效果，淘汰"水课"，打造"金课"。要积极推进招生、培养、就业一体化，教学、科研一体化，本科生、研究生培养一体化，德育教育、学业教育一体化建设。要抓好教材体系建设，突出价值导向，进一步规范教材管理，建设集思想性、科学性和时代性于一体的教材体系，使之成为育人的重要载体，形成适应中国特色社会主义发展要求、立足国际学术前沿、门类齐全的自然科学、社会科学和人文学科教材体系，为德智体美劳社会主义建设者和接班人的培养提供最好的思想养分。要加强管理体系建设，保障教育教学管理的正确政治方向，学校人财物的工作都要优先满足培养德智体美劳全面发展的社会主义建设者和接班人的需要。

二是要各环节一起发力。要把立德树人融入思想道德教育、文化知识教育、社会实践教育各环节。当今的教育绝非只是单纯的知识传授，而是传授知识、培养能力和提高品德修养的系统整合。必须注重教育各环节整体协同，通过课程育人、制度建设、活动育人、文化育人等各种途径，强化课程育人、学科育人、活动育人、实践育人、环境育人的综合功能，优化落实立德树人的氛围、环境和机制，将德智体美劳教育融入教育全过程、教育教学各个环节，在立德树人实践中实现新突破。

三是要各主体同向而行。培养德智体美劳全面发展的社会主义建设者和接班人主体责任虽然在教育系统，但也是全党全社会的任务和使命，理应得到全党全社会的高度认同和大力支持，形成一个强大的社会支持网络和同向而行的推进合力。正如习近平总书记强调指出的："办好教育事业，家庭、学校、政府、社会都有责任。"谁都不是旁观者，谁都不能置身事外。家庭是人生的第一所学校，家长是孩子的第一任老师，家长的一言一行对孩子的人生态度、情感、价值观乃至人格的影响是长远的。因此，家长要以身作则，给孩子讲好"人生第一课"，帮助他们扣好人生第一粒扣子。全社会要担负起青少年成长成才的责任，教育、妇联等部门要统筹协调社会资源支持服务家庭教育，政府、企业、厂矿、乡村以及社会组织等都应该承担起自身的教育责任，为青少年学生的学习提供丰富的学习资源和正确的教育引导。各级党委和政府要以高度的政治责任感和历史使命感，熟悉教育、关心教育、研究教育、支持教育，全面贯彻党的教育方针，落实教育优先发展战略，发展素质教育，深化教育改革创新，加快教育现代化，努力培养德智体美劳全面发展的社会主义建设者和接班人。

（四）德智体美劳全面培养是一个阶段连续、渐进发展的过程体系，不可脱节；构建德智体美劳全面培养的教育体系就是要循序提升，接续展开

培养德智体美劳全面发展的社会主义建设者和接班人是各级

各类教育的根本目的，决定了各级各类教育工作的根本方向。"构建德智体美劳全面培养的教育体系，形成更高水平的人才培养体系"，必须把德智体美劳作为一个阶段连续的过程体系，把立德树人"贯穿基础教育、职业教育、高等教育各领域"，着力构建大中小幼各级教育相互衔接、系统推进的"五育"体系，实现德智体美劳全面培养在实践过程中的循序稳步推进、接续全面展开。

一是要不断深化教育综合改革，围绕立德树人目标，统筹基础教育、职业教育、高等教育各领域，进一步明确各级各类教育的功能定位，理顺各级各类教育的育人目标，使其依次递进、有序过渡。具体地讲，就是要在科学研究的基础上建立更加具体明确的培养德智体美劳全面发展的社会主义建设者和接班人的目标体系，明确在学前、小学、初中、高中、大学等不同学段育人目标分别在德智体美劳五个方面应达到什么要求和水平，形成一个方向一致、学段衔接、关键素养突出、各学段之间在要求上循序提升、接续展开并具有鲜明中国文化和教育特色的人才培养目标体系。要坚决避免各级各类教育中客观存在的一些内容脉节、交叉、错位的现象，充分体现教育规律和人才培养规律。二是要将培养德智体美劳全面发展的总体目标要求与各级各类教育的阶段性特征结合起来，根据不同学段和类型学生的身心发展特点，通过方向一致、前后衔接、不断深化的课程体系、教材体系、教学体系、评价体系以及管理体系，来实现"五育"目标的循序提升。三是要将培养德智体美劳全面发展的总体目标要求贯穿学校教育教学全过程，从时间上、空间上予以充分保障，在课程标准和国家统编教材方面统筹建设，使"五育"内容有序衔接，符合学生的认知规律和成长需要；使"五育"方式循序渐进，适应青年学生的思维方式和心理特点，并以此创新教育理念，改革课堂教学模式，切实营造以学习者为中心的良好学习环境。

进入新时代，党和国家事业的发展对科学知识和优秀人才的需要比以往任何时候都更为迫切。我们必须坚持以习近平新时代中国特色社会主义思想为指导，认真学习贯彻落实习近平总书记关于教育的重要论述，牢牢把握立德树人这一根本任务，牢牢把握新时代对人才培养的新要求，把形成高水平人才培养体系作为一项基础性工作来抓，统筹推进学科体系、教学体系、教材体系、管理体系和思想政治工作体系建设，扎根中国大地办好人民满意的教育，着力培养德智体美劳全面发展的社会主义建设者和接班人，努力为实现中华民族伟大复兴中国梦做出新的贡献。

实现教育现代化，
建设教育强国

一、推进教育治理体系和治理能力现代化

（一）教育治理体系和治理能力现代化的基本内涵、面临形势与主要任务

教育治理体系和治理能力现代化的根本目的是坚持和完善中国特色社会主义教育制度。为我国实现教育现代化和建设教育强国、服务"两个一百年"奋斗目标提供制度支撑与智力保障。在准确阐释教育治理体系和治理能力现代化的内涵和实质、新时代政府-社会-学校之间的关系、第四次工业革命对教育治理影响等理论研究的基础上，明确"十四五"时期加快教育治理体系和治理能力现代化的指导思想、目标与任务。

1. 教育治理体系和治理能力现代化的内涵和实质
（1）教育治理体系。

对教育治理体系的内涵目前还未有统一的认识。治理是个人或公共组织机构经营管理事务的诸多方式的总和。它是使利益相互冲突或不同的主体之间得以调和并且采取联合行动的持续的过程。它包括有权迫使人们服从的正式机构和规章制度，以及各种非正式安排。它有四个特征：治理是一个过程；治理以调和为基础；治理同时涉及公、私部门；治理并不意味着一种正式制度，而确实有赖于持续的相互作用。教育治理体系中的"治理"主要突出合作互动性、共享服务性、价值理性优先性。而"体系"一

词的一般释义为：若干有关事物或思想意识互相联系而构成的一个整体。教育治理体系现代化是高质量教育体系的一部分，这一体系是在习近平新时代中国特色社会主义思想体系指导下，发挥中国特色社会主义国家制度和法律制度优越性，以中国特色社会主义制度下的多样化教育利益主体及其关系为核心，以根本制度、基本制度、重要制度为主体内容的中国特色社会主义教育治理制度及其结构体系。

（2）教育治理能力。

能力是一种智力品质，一般是指完成一个目标或者一项任务所体现出来的综合素质。在现代社会，教育治理的主要内容是制定、执行、评估与改进教育法律与政策及其所代表的制度体系。教育治理能力则主要包括教育立法与决策的能力、教育法律与政策执行能力、教育评价评估能力以及在教育治理中适应社会变革与实现政策法律改进能力等方面。

（3）高质量教育体系。

党的十九届五中全会提出建设高质量教育体系的战略目标。关于高质量教育体系，目前并没有一个权威的通用的解释。本书认为，高质量教育体系是指在习近平新时代中国特色社会主义思想指导下，基于新发展理念、新发展格局与新发展阶段，应对世界百年未有之大变局和新工业革命的挑战，面向实现教育现代化与建设教育强国，服务制造业强国、创新型大国与现代化强国的人才培养目标而建立起来的具有中国特色世界水平的教育体系。高质量教育体系的核心是面向新技术革命中国特色高质量教育结构体系。建设高质量教育体系必须处理好若干重大关系：一是国内教育与国际教育的关系，二是线上教育与线下教育关系，三是国民教育与终身教育的关系，四是学校教育、家庭教育与社会教育的关系,五是全面发展、全面培养与全面评价的关系,六是面向制造业大国建立的教育体系与面向新技术革命建立的新教育体系之间的关系。

2. 新工业革命背景下教育治理体系和治理能力现代化面临的挑战

"十四五"时期仍然是我国发展的重要战略机遇期,是中国特色社会主义教育改革创新的重要战略关键期。我们正在经历世界百年未有之大变局、全球百年未遇之大疫情以及实现中华民族伟大复兴中国梦的大局面,并且面对着第四次工业革命的巨大挑战。这是一个从旧的教育体系向新的高质量教育体系转化的关键期,是一个处理好国内教育与国际教育关系的关键期,是一个处理好线上教育与线下教育关系的关键期,是一个处理好国民教育与终身教育关系的关键期,是一个处理好学校教育、家庭教育、社会教育关系的关键期,是一个处理好全面发展、全面培养与全面评价关系的关键期,是一个处理好面向制造业大国建立的教育体系与面向新技术革命建立的新教育体系之间的关系的关键期,对教育治理体系和治理能力现代化提出了前所未有的新任务、新挑战。

特别是面向第四次工业革命,在人工智能技术条件下,教育发生着结构性、革命性的变革,教育政策如何应对新的发展趋势及其带来的问题,如何规划、规范和管理教育活动,是我们实现教育现代化、建设教育强国必须面对和解决的新问题,是一个从现在起就需要着手研究和考虑的重要问题,也是一个决定未来中国教育能否站在世界前沿的关键问题。

一是开展系统的教育政策研究。致力于改变传统的"教育信息化"思维模式,从互联网、物联网和人工智能技术条件下教育的结构性、体系性、革命性变革的角度出发,系统研究新型体系中"互联网＋教育""物联网＋教育""人工智能＋教育"的一系列新问题。

二是紧跟国际趋势。目前联合国教科文组织、欧盟、其他发达国家或地区都已经制定和实施了关于人工智能技术与教育关系的政策文件，代表了当今世界关于"人工智能＋教育"领域政策的最高水平。我国目前相关的政策文件主要还是集中在产业发展领域。我们需要借鉴国际趋势，研究、制定关于"人工智能＋教育"的专门化的教育政策。

三是着眼政策配套。努力消除广泛存在的信息孤岛现象，改变教育行政部门各自为战的习惯，首先抓住"人工智能＋教育"领域的标准问题、规范问题、联通问题、评价问题，推进相关政策的标准化、体系化，引领"互联网＋教育"、"物联网＋教育"与"人工智能＋教育"体系的高水平、体系化高位发展，并针对一些特殊问题，如网络信息教育安全与互联网、物联网、人工智能技术条件下的立德树人问题等，未雨绸缪地组织开展前瞻性对策研究。

四是大力推进学科体系、教材体系、教学体系与管理体系的创新。依据面向第四次工业革命与人工智能技术条件下的人才培养新要求，切实改革大中小学的学科体系、教材体系、教学体系和管理体系，营造大力培养创新人才的氛围和环境。

3."十四五"期间教育治理体系和治理能力现代化的目标与方向

坚持中国特色社会主义教育发展道路，将中国特色社会主义制度和法律法规优势转化为治理教育的管理效能。借鉴和吸收国际上一切先进的教育治理理念、标准与制度。按照可实施、可量化、可落地的原则，按照固根基、扬优势、补短板、强弱项的要求，明确"十四五"期间教育治理体系和治理能力现代化的具体目标任务和工作抓手，面向建设高质量教育体系的要求，加快中国特色教育治理体系和治理能力现代化进程，确保建成与教育现代化、教育强国相适应的制度体系与能力结构，为中华民族人才永续发展提供制度基础。

（1）坚持和完善党对教育事业全面领导的制度体系。

建立健全党委统一领导、党政齐抓共管、部门各负其责的教育领导体制，实现党建工作"纵到底、横到边"全覆盖。

（2）完善与落实立德树人体制机制。

全面贯彻党的教育方针，深化"三全育人"综合改革，构建学科教学和校园文化相融合、家庭和社会相衔接的综合劳动、实践育人机制。

（3）构建德智体美劳全面培养的教育体系与更高水平的人才培养体系。

按照培养德智体美劳全面发展的社会主义建设者和接班人的总体要求，构建德智体美劳全面培养的学科体系、教材体系、教学体系、管理体系和人才培养体系。

（4）构建服务全民终身学习的教育体系。

搭建沟通各级各类教育、衔接多种学习成果的全民终身学习立交桥，完善教育对外开放体制机制，发挥网络教育和人工智能优势，创新教育和学习方式，加快发展社区教育和老年教育。

（5）提高运用法治思维和法治方式抓治理的能力。

加快完善教育法律制度体系，建立一个前后一致、逻辑圆融、层次分明的有机法律体系。将制定学前教育法，修改职业教育法、教师法、学位条例纳入立法规划项目。完善配套制度建设，完善学校法人治理结构，尽快出台外籍教师管理、在线教育管理、大中小学教育一体化发展等条例。

（6）构建互联网＋教育、物联网＋教育、人工智能＋教育、区块链＋教育的政策与法律体系。

开展互联网、区块链、大数据、人工智能等新技术支撑下的教育治理能力优化行动，依据新技术对教育法律和管理的影响作用，制定和修订相关法律法规，探索教育教学与教育治理新模式。

（7）提升教育管理效能。

建立政府依法管理、学校依法办学、社会共同参与的治理体系。深化教育领域"放管服"改革，完善监管机制，释放办学活力。优化政府服务，培育良好教育培训市场生态。建立现代学校制度，落实学校办学自主权，实行教师人事制度、招生考试制度、绩效工资分配机制、学校家庭共育共治等方面改革。

（8）完善教育保障制度。

深入推进师德师风长效机制建设。完善教师工资保障机制。健全财政教育投入和管理机制，推动落实"一个不低于、两个只增不减"。落实和完善鼓励社会投入教育的政策。

（9）全面提升各级各类教育决策与管理人员实施现代化教育治理的综合素质。

根据"十四五"期间教育治理体系和治理能力现代化发展的目标任务要求，面向各级各类教育管理人员全面实施"十四五"教育规划专题高级培训工作。特别是要加强新时代中国特色社会主义教育理论、互联网＋教育与人工智能＋教育的技术变革以及科学决策、科学执行与科学评估等方面的能力提升培训。

（10）研究建立教育治理体系和治理能力现代化指标体系。

在系统梳理国内外相关研究的基础上，结合2035教育现代化目标，全国教育大会精神，党的十八届四中全会精神，党的十九届四中、五中全会精神，准确界定教育治理体系和治理能力现代化、高质量教育体系的内涵和实质，参考测量现代化水平的国际标准，侧重评估教育信息化体系、教育法制化体系、终身学习体系、教育决策体系、教育管理人员素养与能力体系等方面，建立我国教育治理体系和治理能力现代化的衡量指标体系。

（11）统筹建立监管与服务相结合的制度体系。

在简政放权之后，一方面，要进一步加强监督，统筹各类督导、督察与督查工作，统筹学科评估、专业评估、教学评估等各类评估工作，实施统筹监管。另一方面，要进一步强化服务，为学校、教师和社会提供良好的教育环境。

4. 明确并紧紧抓住加快推进教育治理体系和治理能力现代化的政策着力点

始终把党对教育事业的全面领导放在首位，抓住党对教育事业全面领导的关键领域与薄弱环节，不断完善党对教育事业全面领导制度。

充分运用体现新工业革命技术前沿的新技术建立教育治理新制度。特别是加快建设互联网＋教育、物联网＋教育、人工智能＋教育、区块链＋教育等新型治理模式，探索建设新型学校形态与新型学校制度，创新教育管理。

加快推进教育制度体系现代化，完善教育法律制度体系建设，加快现代化的创新性制度体系建设，构建更加科学有效的教育评价制度体系，实施学制改革。

切实推进协同治理创新体制机制建设，建设政府社会学校家庭协同治理关系，构建教育行政执法协同机制，推进治理体系多样化，实现学校内部治理体系和治理能力现代化。

面向建设制造业强国与创新型国家目标，立足培养创新人才，推进本土创新，建立中国特色教育创新制度与政策体系。

（二）教育治理体系和治理能力现代化对教育法律制度体系的要求

1. 我国教育法律制度体系的现状

（1）根本制度。

我国教育法律体系的根本大法是《中华人民共和国宪法》。

（2）基本制度。

有关我国教育工作的法律、行政法规见图1。

我国与教育、未成年人相关的法律共有12部，分别是：《中华人民共和国学位条例》《中华人民共和国义务教育法》《中华人民共和国教育法》《中华人民共和国未成年人保护法》《中华人民共和国教师法》《中华人民共和国职业教育法》《中华人民共和国高等教育法》《中华人民共和国国家通用语言文字法》《中华人民共和国民办教育促进法》；全国人大常委会还制定了《中华人民共和国体育法》（2016）、《中华人民共和国预防未成年人犯罪法》（2020）、《中华人民共和国国防教育法》（2018），分别规定了学校体育、预防未成年人犯罪和学校国防教育。

教育领域行政法规共有19部，分别是：《中华人民共和国学位条例暂行实施办法》（1981）、《全国中小学勤工俭学暂行工作条例》（1983）、《普通高等学校设置暂行条例》（1986）、《高等教育管理职责暂行规定》（1986）、《扫除文盲工作条例》（1988）（1993年修改）、《高等教育自学考试暂行条例》（1988）（2014年修改）、《幼儿园管理条例》（1989）、《学校体育工作条例》（1990）（2017年修改）、《学校卫生工作条例》（1990）、《禁止使用童工规定》

(2002)、《教学成果奖励条例》(1994)、《教师资格条例》(1995)、《全民健身条例》(2009)(2016年修改)、《校车安全管理条例》(2012)、《教育督导条例》(2012)、《残疾人教育条例》(1994)(2017年修改)、《中华人民共和国中外合作办学条例》(2003)(2013年、2019年两次修改)、《征收教育费附加的暂行规定》(1986)(1990年、2005年、2011年3次修改)、《中华人民共和国民办教育促进法实施条例》(2004)。

(3) 重要制度。

1978年以来，中央教育行政规章已被废止的有10部，经过部分或全面修改，或被新规章所取代的有18部，未经修改、仍然有效的有26部，其中包括2019年国务院令第709号令及2010年、2015年教育部两次以部令的形式废止和修改的部分法规规章。教育规章和地方性法规见图2。

现行有效的44部实体性中央教育行政规章中，与高等教育有关的多达19部（见表1）。这是因为，根据《中华人民共和国教育法》第十四条的规定，管理高等教育是国务院和省级政府专属职权，所以国务院教育行政部门在此领域制定的规章最多。其中，涉及高校治理结构的有3部，分别与章程制定、学术委员会、理事会有关；涉及非公办学校的有2部，分别与民办高校办学、独立学院设置有关；涉及校内管理的有5部，分别与档案管理、学生管理、校园秩序、实验室、消防安全有关；涉及招生的有2部，分别与招生考试管理处罚和违规招生处理有关；涉及学术不端的有2部，分别与学位论文作假、学术不端行为有关；其他规章5部，分别涉及高校辅导员队伍建设、教育评估、自学考试命题、知识产权保护、信息公开等各方面。

实现教育现代化，建设教育强国

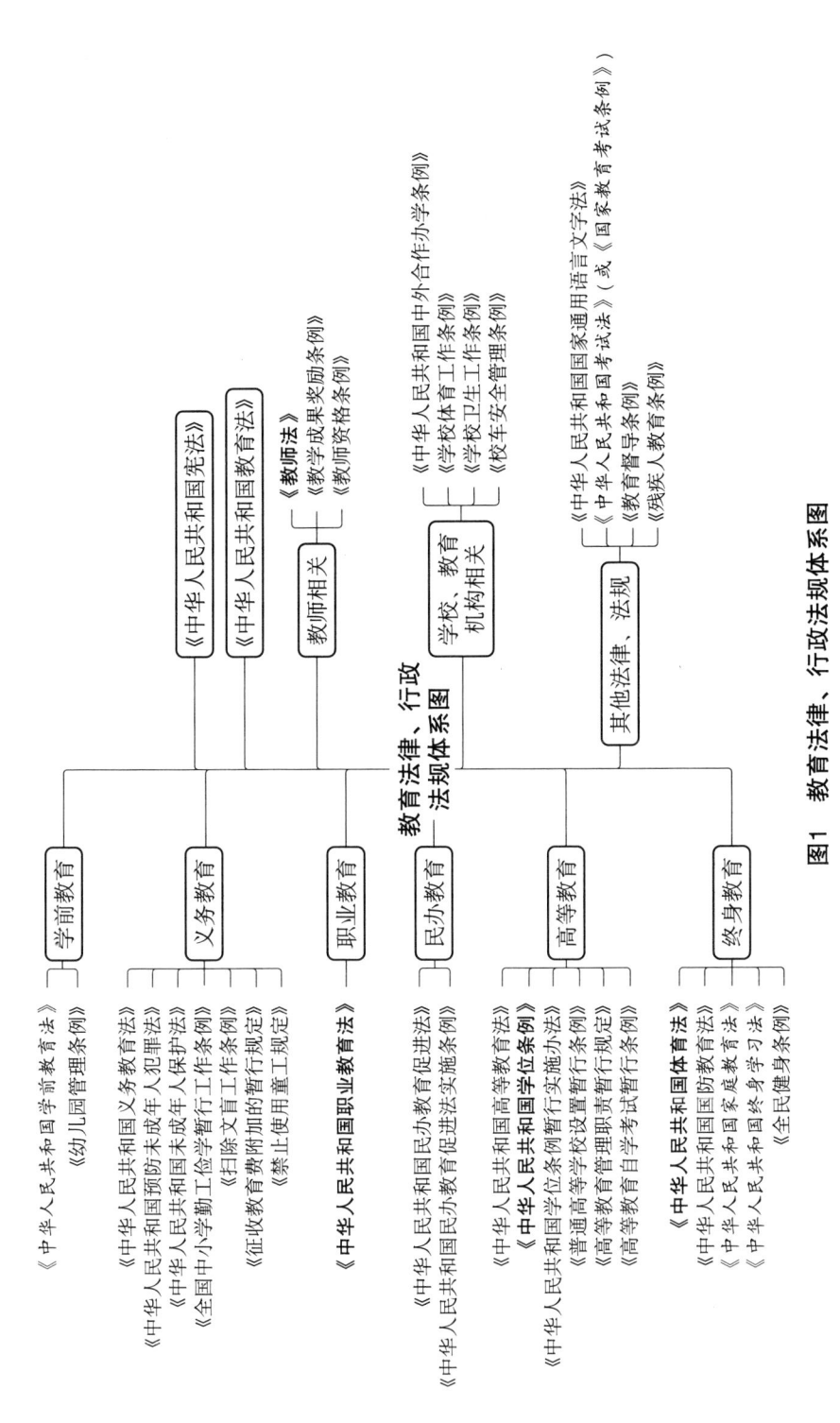

图1 教育法律、行政法规体系图

教育法律、行政法规体系图

- 学前教育
  - 《中华人民共和国学前教育法》
  - 《幼儿园管理条例》
- 义务教育
  - 《中华人民共和国义务教育法》
  - 《中华人民共和国预防未成年人犯罪法》
  - 《中华人民共和国未成年人保护法》
  - 《全国中小学勤工俭学暂行工作条例》
  - 《征收教育费附加的暂行规定》
  - 《禁止使用童工规定》
- 职业教育
  - **《中华人民共和国职业教育法》**
- 民办教育
  - 《中华人民共和国民办教育促进法》
  - 《中华人民共和国民办教育促进法实施条例》
- 高等教育
  - 《中华人民共和国高等教育法》
  - 《中华人民共和国学位条例》
  - 《中华人民共和国学位条例暂行实施办法》
  - 《普通高等学校设置暂行条例》
  - 《高等教育管理职责暂行规定》
  - 《高等教育自学考试暂行条例》
- 终身教育
  - **《中华人民共和国育法》**
  - 《中华人民共和国国防教育法》
  - 《中华人民共和国家庭教育促进法》
  - 《中华人民共和国终身学习法》
  - 《全民健身条例》

- 《中华人民共和国宪法》
- 《中华人民共和国教育法》
- 教师相关
  - 《教师法》
  - 《教学成果奖励条例》
  - 《教师资格条例》
- 学校、教育机构相关
  - 《中华人民共和国中外合作办学条例》
  - 《学校体育工作条例》
  - 《学校卫生工作条例》
  - 《校车安全管理条例》
- 其他法律、法规
  - 《中华人民共和国国家通用语言文字法》（或《国家教育考试条例》）
  - 《中华人民共和国考试条例》
  - 《教育督导条例》
  - 《残疾人教育条例》

注：黑体字为"十四五"期间拟修改的法律法规；楷体字为"十四五"期间拟制定的法律法规。

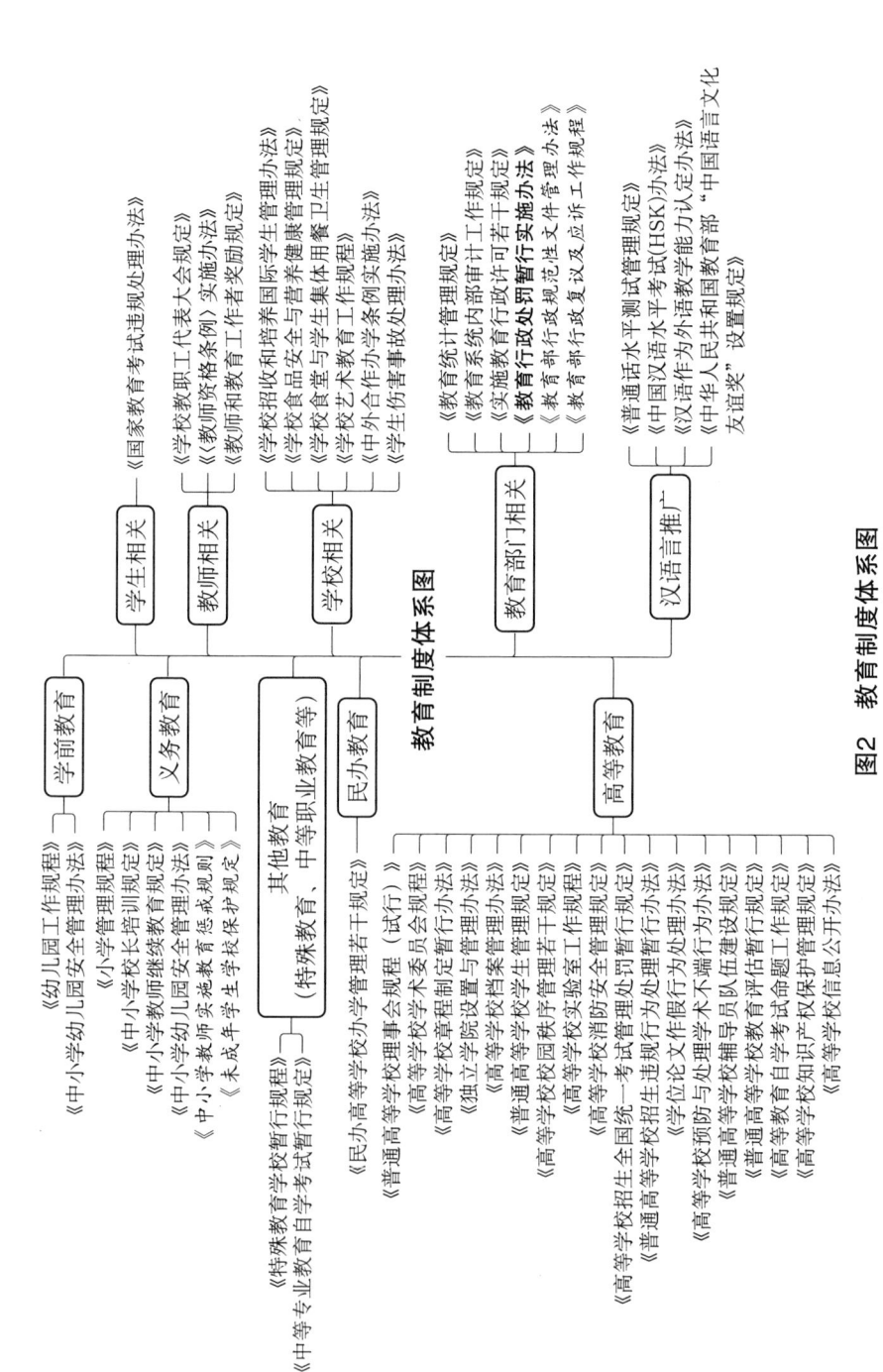

坚持把服务中华民族伟大复兴作为教育的重要使命

图2 教育制度体系图

教育制度体系图分为以下几个主要板块：

学前教育
- 《幼儿园工作规程》
- 《中小学幼儿园安全管理办法》
- 《小学管理规程》
- 《中小学校长培训规定》
- 《中小学教师实施继续教育规定》
- 《中小学教师实施教育惩戒规则》
- 《未成年学生学校保护规定》

义务教育

其他教育（特殊教育、中等职业教育等）
- 《特殊教育学校暂行规程》
- 《中等专业教育自学考试暂行规定》

民办教育
- 《民办高等学校办学管理若干规定（试行）》

高等教育
- 《高等学校学校理事会规程》
- 《高等学校章程制定暂行办法》
- 《独立学院设置与管理办法》
- 《高等学校档案管理办法》
- 《普通高等学校学生管理规定》
- 《高等学校校园秩序管理若干规定》
- 《高等学校实验室安全管理规定》
- 《高等学校消防安全管理规定》
- 《高等学校招生全国统一考试违规行为处理办法》
- 《高等学校预防与处理学术不端行为办法》
- 《学位论文作假行为处理办法》
- 《普通高等学校辅导员队伍建设规定》
- 《普通高等教育自学考试命题工作暂行规定》
- 《高等学校知识产权保护管理规定》
- 《高等学校信息公开办法》

学生相关
- 《国家教育考试违规处理办法》

教师相关
- 《学校教职工代表大会规定》
- 《教师资格条例》实施办法
- 《教师和教育工作者奖励办法》

学校相关
- 《学校招收和培养国际学生管理办法》
- 《学校食品安全与营养健康管理规定》
- 《学校食堂与学生集体用餐卫生管理规定》
- 《学校艺术教育工作规程》
- 《中外合作办学条例》实施办法
- 《学生伤害事故处理办法》

教育部门相关
- 《教育统计管理规定》
- 《教育系统内部审计工作规定》
- 《实施教育行政许可若干规定》
- 《教育行政处罚暂行实施办法》
- 《教育部行政复议应诉工作规程》

汉语言推广
- 《普通话水平测试管理规定》
- 《中国汉语水平考试(HSK)办法》
- 《汉语作为外语教学能力认定办法》
- 《中华人民共和国教育部"中国语言文化友谊奖"设置规定》

注：黑体字为"十四五"期间拟修改的法律法规；楷体字为"十四五"期间拟制定的法律法规。

表 1　高等教育阶段中央教育行政规章

类型	颁布日期	名称
高校治理结构	2014.07.16	《普通高等学校理事会规程（试行）》
	2014.01.29	《高等学校学术委员会规程》
	2011.11.28	《高等学校章程制定暂行办法》
非公办学校	2008.02.22	《独立学院设置与管理办法》
	2007.02.03	《民办高等学校办学管理若干规定》
高等学校校内管理	1989.10.10 颁布；2008 年修改	《高等学校档案管理办法》
	1990.01.20 颁布；2005 年、2017 年修改	《普通高等学校学生管理规定》
	1990.09.18	《高等学校校园秩序管理若干规定》
	1992.06.27	《高等学校实验室工作规程》
	2009.07.03	《高等学校消防安全管理规定》
招生	1992.02.02	《高等学校招生全国统一考试管理处罚暂行规定》
	2014.07.09	《普通高等学校招生违规行为处理暂行办法》
学术不端	2012.11.13	《学位论文作假行为处理办法》
	2016.06.16	《高等学校预防与处理学术不端行为办法》
其他规章	2017.09.21	《普通高等学校辅导员队伍建设规定》
	1992.10.26	《高等教育自学考试命题工作规定》
	1990.10.31	《普通高等学校教育评估暂行规定》
	1999.04.08	《高等学校知识产权保护管理规定》
	2010.05.11	《高等学校信息公开办法》

在非高等教育阶段，与学校整体制度有关的中央教育行政规章有 5 部，分别涉及招收国际学生、食堂与卫生管理、艺术教育、

教职工代表大会。与中小学、幼儿园有关的有 5 部，其中涉及校长培训、教师教育和安全管理的有 3 部，另有专门针对幼儿园、小学管理的规章各 1 部。与汉语言推广有关的有 4 部，分别涉及汉语作为外语教学能力认定、水平考试、"中国语言文化友谊奖"、普通话水平测试（见表 2）。

表 2 非高等教育阶段中央教育行政规章

类型	颁布日期	名称
学校整体制度	2017.06.02	《学校招收和培养国际学生管理办法》
	2019.03.11	《学校食品安全与营养健康管理规定》
	2002.09.20 颁布；2010 年修改	《学校食堂与学生集体用餐卫生管理规定》
	2002.07.25	《学校艺术教育工作规程》
	2011.12.08	《学校教职工代表大会规定》
中小学、幼儿园相关	1999.12.30 颁布；2010 年修改	《中小学校长培训规定》
	1999.09.13	《中小学教师继续教育规定》
	2006.06.30	《中小学幼儿园安全管理办法》
	2016.03.10	《幼儿园工作规程》
	1996.03.09 颁布；2010 年修改	《小学管理规程》
汉语言推广	2004.08.23	《汉语作为外语教学能力认定办法》
	1992.09.02	《中国汉语水平考试（HSK）办法》
	1999.03.15	《中华人民共和国教育部"中国语言文化友谊奖"设置规定》
	2003.05.21	《普通话水平测试管理规定》

其他规章共 11 部，与内部审计、特殊教育、学生伤害事故处理、国家考试违规处理、中专自学考试、教育行政处罚、教师资格、教师奖励、教育行政许可、中外合作办学、教育统计有关（见表 3）。

表3 其他中央教育行政规章

类型	颁布日期	名称
内部审计	1996.04.13 颁布；2004年、2020年修改	《教育系统内部审计工作规定》
特殊教育	1998.12.02 颁布；2010年修改	《特殊教育学校暂行规程》
伤害事故	2002.06.25 颁布；2010年修改	《学生伤害事故处理办法》
国家考试违规处理	2004.05.19 颁布；2012年修改	《国家教育考试违规处理办法》
中专自考	1991.06.12	《中等专业教育自学考试暂行规定》
教育行政处罚	1998.03.06	《教育行政处罚暂行实施办法》
教师资格	2000.09.23	《〈教师资格条例〉实施办法》
教师奖励	1998.01.08	《教师和教育工作者奖励规定》
教育行政许可	2005.04.21	《实施教育行政许可若干规定》
中外合作办学	2004.06.02	《中华人民共和国中外合作办学条例实施办法》
教育统计	2018.06.25	《教育统计管理规定》

2.《中国教育现代化2035》和十九届四中全会的《决定》提出的目标

据《中国教育现代化2035》的要求，我国教育法律法规体系要进一步完善健全，着重提高教育法治化水平，从法律法规的层面为各层次学校办学提供法律支持，并形成全面覆盖学校教学管理的法律支持体系。尽管我国教育法律体系初步形成，但还不够完善，如学校法、考试法等法律的制定还需要进一步推动。

在有法可依的基础上，健全法律的实施和监督机制，严格执法，切实将教育法治在实践中落实。《加快推进教育现代化实施方案（2018—2022年）》也提出加强教育执法，"加快推进教育行政执法体制机制改革"。加强构建自上而下的教育督导机制，发动社会力量，建立全社会参与学校管理和教育评价监管机制。2022年，国家建立健全教育系统法律顾问制度；2035年，国家形成全面的教育法律体系和健全的实施、监督机制。

党的十九届四中全会通过了《中共中央关于坚持和完善中国特色社会主义制度　推进国家治理体系和治理能力现代化若干重大问题的决定》，就教育体系和机制保障做出了重要说明：完善立德树人体制，健全学前教育、特殊教育和普及高中阶段教育保障机制，完善职业技术教育、高等教育、继续教育统筹协调发展机制，支持和规范民办教育、合作办学，城乡的家庭教育指导服务体系全覆盖，最终构建服务全民终身学习的教育体系。

3. "十四五"期间需要完善的法律制度体系

全国人大及其常委会每年召开的会议较少，而待审法律众多，且审议程序复杂，特别是教育立法资源较为稀缺。教育立法草案除少数被中央高度重视和社会广泛关注后可列入国家立法议程外，大多数是由教育部提出，经过国务院部门间协调和国务院立法机构审议后，上报国务院常务会议讨论，由国务院提交全国人大常委会审议，一般经三审通过。由于立法层级较多，涉及部门复杂，导致法案起草在部门间协调上花费的时间很长。一旦出现影响其他部门利益、突破已有制度的情况，相关方就会提出反对意见，如果得不到更高层的政治或行政权威支持，就会出现久拖不决或制定一部不触及痛点、不解决问题的法律的情形。

因此，我国教育法律体系尚不成熟完善，立法进程的速度也难以明显加快，可以将教育法律区分轻重缓急，通过五年规划，选择最为重要和紧迫的法律进行立法。

从法律法规体系来说，第十三届全国人大常委会立法规划是对社会立法需求最直观的回应，当前立法计划将制定学前教育法列为第一类项目，即条件比较成熟、任期内拟提请审议的法律草案；将修改《中华人民共和国学位条例》《中华人民共和国教师法》《中华人民共和国职业教育法》列为第二类项目，即需要抓紧工作、条件成熟时提请审议的法律草案。这四部法律立法耗时会比较长，因此，这四部法律的制定或修改有必要优先列入"十四五"规划当中，在第十三届全国人大常委会立法规划的基础上，尽早完成这四部法律的制定或修改。第十三届全国人大常委会立法规划第三类项目，即立法条件尚不完全具备、需要继续研究论证的立法项目，将家庭教育法纳入其中，作为远期计划。

除此以外，根据十九届四中全会精神与社会需求的紧迫性，要把坚持党的领导和社会主义核心价值观要求融入教育法治建设中，全面贯彻党的教育方针，构建服务全民终身学习的教育法律体系。积极研究论证《终身学习法》、《学校法》、《考试法》（或《国家教育考试条例》）、《学校安全条例》、《校企合作条例》、《普及高中教育立法》等六部法律的制定，对于《中华人民共和国民办教育促进法实施条例》、以延长义务教育年限为目的的《中华人民共和国义务教育法》的修改也应当重视。

在大数据、区块链与人工智能技术叠加发展的时代，第四次工业革命到来，教育发生革命性、结构性变革。我们既要积极发挥网络教育和人工智能优势，创新教育和学习方式，又要着眼研究新变革带来的伦理与法律规范问题。它包括：（1）学生、教师、教育管理者、智能机器人在互联网的作用下形成智慧校园；研究规制人类网络学习的规范、人机交互学习模式、利用大数据及算法安排教育内容，网络信息教育安全与立德树人等教育相关问题。（2）智能机器人将成为教育主体之一。智能机器人的制造、使用与管理问题，机器自主学习的内容、机器人教师的标准与审核问题，以及2017年7月国务院发布的《新一代人工智能发展规划》提到的伦理问题，教育数据的计算和运用应当合乎伦理价值的规制。（3）通过法规、政策，拟定统一评价标准和监督机制，推动教育人工智能领域的标准化、体系化，教育信息安全化。（4）研究立法保障弱势群体学习使用和利用教育人工智能与区块链技术，包括老年人、弱势的女性、残疾人、贫困人口等，用新技术实现终身学习，促进教育领域的公平。（5）研究法规，规范利用区块链实现教育资源与数据共享和人才信息电子档案管理。坚持新兴技术与教育教学深度融合的核心理念，构建网络化、数字化、智能化、个性化、终身化的教育体系，从法律角度构建面向每个人、适合每个人的更加开放灵活的教育法治体系。

我国教育法律体系的最终目标，是建立一个前后一致、逻辑圆融、层次分明的有机法律体系，通过编撰一部教育法典，将党的领导、立德树人规定于基本制度。将教育法领域整合为一个有机联系、价值统一的规则体系。

从规章体系来说，制定《未成年人学校保护规定》《教育部行政复议及应诉工作规程》《教育部行政规范性文件管理办法》，修改《教育行政处罚暂行实施办法》可以作为教育部"十四五"规划期间规章制定的重心。

立法目的的实现依靠严格执法，建立健全教育法治体系，立法后评估工作不可或缺，目前正在以《中华人民共和国残疾人教育条例》为试点，探索开展立法后评估工作。

二、新时代必须坚持中国特色社会主义教育发展道路

（一）中国特色社会主义教育发展道路的内涵与特征①

1. 中国特色社会主义教育发展道路是中国特色社会主义道路的重要组成部分

党的十八大报告明确提出了经济建设、政治建设、文化建设、社会建设、生态文明建设"五位一体"中国特色社会主义总体布局，其中，"努力办好人民满意的教育"是社会建设的首要任务。党的十八届三中全会做出的《中共中央关于全面深化改革若干重大问题的决定》在"推进社会事业改革创新"部分，首要提出"深化教育领域综合改革"的要求。我国教育事业的改革与发展是中国特色社会主义事业总体布局之社会建设部分的首要内容，中国特色社会主义教育发展道路因而是中国特色社会主义道路的重要组成部分。

中国特色社会主义教育发展道路既具有中国特色社会主义道路的基本特征，又具有中国特色社会主义教育的基本特征，反映着中国特色社会主义教育改革发展的基本规律。在某种意义上说，中国特色社会主义道路的发展是中国特色社会主义教育发展道路发展的背景，对其具有理论层面和实践层面的指导意义。

中国特色社会主义教育发展道路的研究必须建立在对中国特

---

① 本节内容为刘复兴发表在《教育研究》2014年第7期（总第414期）上的《中国特色社会主义教育发展道路的几个基本问题》一文，内容有修改。

色社会主义道路所包含的思想基础,内涵特征,制度、经验价值等的深刻认识和研究的基础上。反过来,中国特色社会主义教育发展道路是实现中国特色社会主义的一个重要途径。在教育成为基础性、战略性、先导性社会事业的基础上,对这条道路的研究,可以为研究中国特色社会主义道路、理论、制度和文化提供重要资料。

2. 中国特色社会主义教育发展道路是在中国特色社会主义理论指导下形成和发展起来的

习近平总书记指出,中国特色社会主义道路"是在改革开放30多年的伟大实践中走出来的,是在中华人民共和国成立60多年的持续探索中走出来的,是在对近代以来170多年中华民族发展历程的深刻总结中走出来的,是在对中华民族5 000多年悠久文明的传承中走出来的,具有深厚的历史渊源和广泛的现实基础"①。中国特色社会主义教育发展道路也是一个开放的、动态的、与时俱进的探索过程,其形成与发展的历史轨迹与中国特色社会主义道路的形成与发展轨迹是一致的。党领导下的新民主主义革命实践、社会主义建设实践和改革开放与现代化建设实践为中国特色社会主义教育发展道路提供了根本性的历史根源。

中国特色社会主义理论和实践是中国特色社会主义教育发展道路的现实依据。"十一届三中全会的重大历史转折标志着中国特色社会主义道路的伟大开端。"② 在党的十二大上,邓小平第一次明确提出了中国特色社会主义这个重大命题③。中国特色社会主

---

① 习近平. 习近平谈治国理政 [M]. 北京:外文出版社,2014:39.
② 郑德荣,等. 中国特色社会主义道路基本问题研究 [M]. 北京:人民出版社,2012:1.
③ 刘云山. 毫不动摇地高举中国特色社会主义伟大旗帜:学习党的十七大报告的体会 [J]. 求是,2008(2).

义是新时期以来中国共产党继续推进马克思主义中国化的伟大历史性创造，体现在实践上，就是开辟了中国特色社会主义道路①。中国特色社会主义教育发展道路正是伴随着中国特色社会主义理论与实践的发展而逐步形成的。实际上，在十一届三中全会召开之前，邓小平探索中国特色社会主义重大问题的突破口就是人才问题和教育领域的改革。1977年5月，邓小平两次找有关同志谈话，都是强调现代化的关键是科学技术，发展科学技术必须要抓教育，强调一定要在党内形成"尊重知识，尊重人才"的气氛②。1978年3月18日，中央召开全国科学大会，邓小平提出"科学技术是第一生产力""知识分子是工人阶级的一部分"的重要论断；1978年4月22日，召开"文化大革命"结束以后的第一个全国教育工作会议，邓小平提出"教育事业必须同国民经济发展的要求相适应"。这些论断和要求与十一届三中全会的改革精神相一致，是中国特色社会主义教育发展道路的开端。十一届三中全会以后，在邓小平理论、"三个代表"重要思想和科学发展观的指导下，我们党和政府不断地调整不同发展阶段的教育政策以回应新出现的教育问题，逐渐形成具有中国特色的教育改革发展路径，这条路径我们就称为中国特色社会主义教育发展道路。

3. 中国特色社会主义教育发展道路是我国教育事业的科学发展之路

如何理解中国特色社会主义教育发展道路的内涵与特征，既是一个重要的学术问题，又是一个重要的政策问题。中国特色社会主义教育发展道路，就是在中国共产党领导下，坚持以马克思列宁主义、毛泽东思想、邓小平理论、"三个代表"重要思想、科

---

① 习近平.关于中国特色社会主义理论体系的几点学习体会和认识［J］.求是，2008（7）.
② 顾明远.改革开放30年中国教育纪实［M］.北京：人民出版社，2008：1-12.

学发展观和习近平新时代中国特色社会主义思想为指导，深入贯彻落实，优先发展教育，全面贯彻党的教育方针，立足基本国情，遵循教育规律，推进教育事业科学发展，培养德智体美全面发展的社会主义建设者和接班人，办好人民满意教育，建设人力资源强国。这条道路遵循了教育的基本规律，体现了鲜明的中国特色，反映了社会主义的根本要求，具有丰富内涵和鲜明特征。中国特色社会主义教育发展道路是育人为本之路，中国特色社会主义教育发展道路是改革创新之路，中国特色社会主义教育发展道路是促进教育公平之路，中国特色社会主义教育发展道路是提高教育质量之路[①]。

中国特色社会主义教育发展道路是一条我国教育事业的科学发展之路，是发展社会主义教育事业的唯一正确道路。在中国特色社会主义理论指导下，中国特色社会主义教育发展道路科学地处理了坚持正确的政治方向与遵循教育规律的关系，科学地处理了教育改革发展与社会主义现代化建设的关系，科学地处理了继承我国教育的优良传统与改革创新的关系，科学地处理了立足国情与借鉴国际经验的关系，科学地处理了教育公平与效率的关系，科学地处理了教育规模扩张与提高质量的关系。这条道路"既凝结了中国共产党领导人民发展教育的基本经验，又反映了世界教育发展规律；既坚持了马克思主义的教育基本理论，又体现了中国国情；既坚持了中国特色社会主义教育的基本原则，又建立了人类文明优秀成果；既继承了我国教育优良传统，又具有鲜明的时代特征"[②]。

4. 中国特色社会主义教育发展道路是坚持党领导发展教育之路

中国共产党是中国特色社会主义道路的开创者、领导者，也

[①②] 袁贵仁. 坚定不移走中国特色社会主义教育发展道路[J]. 求是，2012（12）.

是中国特色社会主义教育发展道路的开创者、领导者。

在中国共产党的领导下，中国从一个人口大国转变为人力资源大国，正在努力建设人力资源强国。在新民主主义革命时期，我们把马克思主义教育思想创造性地运用于革命实践中，形成了由中国共产党领导的以共产主义为指导的民族的、科学的、大众的教育[1]。在新中国成立后，特别是1956年党的八大以后，我国开始进入全面建设社会主义新时期，新民主主义教育逐步过渡到社会主义教育。改革开放以来，我们党在开辟中国特色社会主义道路的过程中，在中国特色社会主义理论体系指导下，领导开创了中国特色社会主义教育发展道路。首先，党对教育事业的政治领导保障了教育事业的社会主义方向。正如邓小平所指出的，"党委的领导，主要是政治上的领导，保证正确的政治方向，保证党的路线、方针、政策的贯彻，调动各方面的积极性"[2]。其次，在不同的历史阶段，我们党的主要领导人提出的如"三个面向"、"三个代表"、"以人为本"、实现中国梦、全面深化改革等重要理论与论断，都是马克思主义理论在中国的具体实践、运用、创新和发展，都成为我国教育改革发展的理论基础、核心价值和指导思想。另外，在长期的实践中，"我们党创造性地运用马克思主义基本原理和科学方法，在实践中形成了一系列关于教育工作的理论、方针和政策"[3]。如：1982年，党的十二大强调把教育作为经济发展的战略重点之一；1987年，党的十三大突出了教育在现代化建设中的首要位置和基础性；1992年，党的十四大提出了教育

---

[1] 中国大百科全书总编辑委员会《教育》编辑委员会. 中国大百科全书（教育）[Z]. 北京：中国大百科全书出版社，1985.

[2] 邓小平. 邓小平文选：第2卷[M]. 2版. 北京：人民出版社，1994：98.

[3] 中华人民共和国教育部《中国共产党教育理论与实践》编写组. 中国共产党教育理论与实践[M]. 北京：北京师范大学出版社，2001：3.

"优先发展战略"与教育的"全局性、先导性";1997年,党的十五大提出了"科教兴国战略";2002年党的十六大强调培养"创新人才"和实施"人才强国战略";2007年,党的十七大提出了推进"教育公平"和"创新型国家战略";2012年,党的十八大提出"以人为本"与"提高教育质量"的要求。这些方针和政策成为我国教育改革发展的指导方针、发展战略和政策指南。坚持党对教育事业的领导是中国特色社会主义教育发展道路的实践特征,是中国特色社会主义教育发展道路的历史经验,也是保证中国特色社会主义教育发展道路科学发展的根本保障。建设中国特色的社会主义教育,必须坚持中国共产党对教育事业的领导。

5. 中国特色社会主义教育制度是中国特色社会主义教育发展道路的根本制度保障

中国特色社会主义教育发展道路的实践是在中国特色社会主义教育制度保障下展开的。首先,"道路引领制度建设"[①]。中国特色社会主义教育发展道路是前所未有的教育改革之路,这条道路的实践过程就是不断进行制度创新的过程。中国特色社会主义教育制度是中国特色社会主义教育发展道路的必然成果,也是中国特色社会主义发展道路的鲜明标志。其次,"制度又为道路提供制度保障"[②]。中国特色社会主义教育制度的建立和完善是中国特色社会主义教育发展道路的突破口,教育体制改革和创新是推动教育发展的强大动力,教育制度是规范教育事业发展的制度保障因素,对中国特色社会主义教育发展道路具有重要的导向作用。

中国特色社会主义教育制度是以中国特色社会主义教育体系为主要内容的制度规范体系。中国特色社会主义教育制度由根本

[①][②] 朱峻峰. 中国共产党与中国特色社会主义道路[M]. 北京:社会科学文献出版社,2012:138.

层面的制度、基本层面的制度、具体层面的教育政策以及法律体系组成。党领导教育的制度、党的教育方针是中国特色社会主义教育的根本制度，体现教育的性质和本质，是中国特色社会主义教育区别于其他国家教育的根本标志；国民教育制度、教育公平制度、终身教育制度是教育基本制度，规定教育的基本原则，对教育发展有着重大影响；优先发展制度、教育质量制度、对外开放制度、教师发展制度则是教育的具体制度，推动着我国教育的全面协调可持续发展。它们具有不同的地位和作用，作为一个有机整体共同构成相互衔接、相互联系的中国特色社会主义教育制度体系。

整体设计、系统推进中国特色社会主义教育制度建设，可与时俱进地推动中国特色社会主义教育的发展和完善。党的十八届三中全会提出"深化教育领域综合改革"的重大历史任务。深化教育领域综合改革，制度变革是关键，是重点。《教育部关于2013年深化教育领域综合改革的意见》指出，要"以破解制约教育科学发展的关键领域和薄弱环节为突破口，以加快转变教育发展方式、完善推进教育改革的体制机制为着力点，不失时机深化教育领域综合改革。"制度层面的中国特色社会主义教育发展道路发展的着重点是"建设"。中国特色社会主义教育制度建设应注重适应社会主义现代化建设需求与促进人的全面发展有机结合，注重完善正规学校教育体系与构建终身学习平台有机结合，注重强化公共教育资源配置与引导社会教育资源开发有机结合，注重统筹整个社会相关领域协同发展与教育制度改革目标有机结合。

党的十八大特别是十八届三中全会召开以后，教育领域综合改革的深化对教育事业的发展提出了新的、更高的要求，改革的系统性、整体性和协同性迫切需要从实践上、理论上、政策上总结中国特色社会主义教育发展道路。中国特色社会主义教育发展道路的系统、科学研究，可以深刻回答教育改革发展中一系列带有方向性、根本性、战略性的重大问题，可以为研究中国特色社会主义道路和中国特色社会主义理论提供丰富的素材，可以为向发展中国家、转型国家乃至发达国家宣传、传播中国特色教育改革发展的经验、理论和政策奠定基础，还可为推广中国经验、在国际上展现中国的文化软实力和中国特色社会主义教育理论、制度影响力提供必要的理论准备，所以，对中国特色社会主义教育发展道路的系统的、科学的研究具有战略意义。

研究中国特色社会主义教育发展道路，要从实践维度客观描述中国特色社会主义教育发展道路的历史轨迹，总结其所取得的重大历史性教育发展成就。要从理论的维度总结归纳中国特色社会主义教育发展道路的基本内涵和重要特征，探究指导中国特色社会主义教育发展道路的思想基础和理论体系，总结其发展的基本经验。要展望中国特色社会主义教育发展道路面临的挑战、问题、未来发展趋势及其对中国乃至世界教育改革发展的价值与意义。

（二）新时代坚持中国特色社会主义教育发展道路的根本保证

1. 坚持马克思主义指导地位

习近平总书记在纪念马克思诞辰200周年大会上发表讲话并指出："马克思主义为中国革命、建设、改革提供了强大思想武器，使中国这个古老的东方大国创造了人类历史上前所未有的发展奇迹。"[①] 马克思主义不仅是我们党新民主主义革命时期的指导

---

① 习近平. 在纪念马克思诞辰200周年大会上的讲话 [M]. 北京：人民出版社，2018：14.

思想，也是社会主义建设的指导思想，更是改革开放必须坚持的指导思想。教育改革发展要坚持实事求是的发展路线，扎根中国大地办教育。要清醒认识和准确把握国情和教育发展规律，坚持问题导向，"聆听时代的声音，回应时代的呼唤，认真研究解决重大而紧迫的问题，才能真正把握住历史脉络、找到发展规律，推动理论创新"[①]。教育改革发展要坚持群众路线，办人民满意的教育。要坚持群众史观和以人民为中心的发展思想，抓住人民最关心最直接最现实的利益问题，不断保障和改善民生，促进社会公平正义，在更高水平上实现幼有所育、学有所教，让教育发展成果更多更公平惠及全体人民。教育改革发展要坚持教育与生产劳动相结合，促进人的全面发展。这既是现代生产的需要，也是现代教育培养现代人的需要，反映着教育的未来发展趋势。

完善中国特色社会主义现代教育体系必须立足社会主义初级阶段的基本国情，这就要求在改革和创新社会主义现代教育体系时实事求是，一切从实际出发，尊重教育规律，按照教育规律办事，既要反对不顾实际情况盲目照搬照抄国际经验的激进主义，又要反对闭目塞听、故步自封的保守主义，还要注意克服不了解实际、一切从书本出发的本本主义。中国特色社会主义现代教育体系建设不拒绝学习和借鉴其他国家教育思想、制度、模式与改革经验，也坚决反对在教育体系改革与创新方面形形色色的唯条件论，鼓励广大教育工作者发挥自己的聪明才智和主体精神，尊重教育实践工作者的首创精神，并将这些看成是中国特色社会主义现代教育体系得以建立和不断完善的重要条件与重要保障。

实事求是要求遵循教育基本规律，按教育规律办事。一是尊

---

① 习近平. 在哲学社会科学工作座谈会上的讲话 [M]. 北京：人民出版社，2016：14.

重教育活动的特殊性。"十年树木,百年树人。"与其他活动相比,教育周期长、见效慢,我们的工作必须具有前瞻性、预见性,超前部署。二是尊重教育对象的特殊性。教育工作的对象是人,我们的工作必须始终坚持以人为本,牢固树立全面发展、人人成才的观念,终身学习、系统培养的观念,注重学思结合、知行统一、因材施教。三是尊重教师工作的特殊性。教书育人是一项专业性、探索性、创造性极强的工作,我们一方面要千方百计改善教师的学习、工作和生活条件,为教师解除后顾之忧,让他们全身心地投入教育教学工作中;另一方面要努力改进教师管理制度,严格教师资格准入制度,健全教师考核评价机制,使每位教师都能够成为爱岗敬业的模范、教书育人的模范、终身学习的模范,成为受学生爱戴、让人民满意的教师[①]。

2. 坚持党对教育事业的全面领导

坚持党对教育事业的全面领导是中国特色社会主义教育事业的鲜明特色,贯彻落实党的教育方针,是全国所有教育办学机构的共同义务和责任。

(1) 坚持党对教育事业全面领导的主旨要义。

中国共产党的领导是中国特色社会主义最本质的特征,是中国特色社会主义制度的最大优势。党是最高政治领导力量,必须坚持党对一切工作的领导。党政军民学,东西南北中,党是领导一切的。加强党的全面领导,必须树牢"四个意识",坚定"四个自信",坚决做到"两个维护",自觉在思想上政治上行动上同党中央保持高度一致,确保党始终总揽全局、协调各方。

教育是国之大计、党之大计。我们的高校是党领导下的高校,

---

① 教育部部长透露今年工作重点 满足群众教育需求 [EB/OL]. 人民网,2010-02-10.

是中国特色社会主义高校，高校立身之本在于立德树人。办好我们的高校，必须坚持党的领导，牢牢掌握党对高校工作的领导权，使高校成为坚持党的领导的坚强阵地。

各级党委要把教育事业的发展摆在重要位置，关注和研究教育，形成各级党委统一领导，各部门各方面齐抓共管、协同发展、突出实效的工作格局。党政主要负责同志要熟悉教育、关心教育、研究教育。高校党委对学校工作实行全面领导，承担管党治党、办学治校主体责任，把方向、管大局、做决策、保落实。高校党委书记主持党委全面工作，对党委工作负主要责任，校长要在学校党委领导下贯彻党的教育方针，组织实施学校党委有关决议，行使高等教育法等规定的各项职权，全面负责教学、科研、行政管理工作。党委要贯彻民主集中制，议大事、谋大局，党委集体研究决定，形成党委统一领导、党政分工合作、协调运行的工作机制。坚持党管干部原则，选好配强领导干部和领导班子，确保高校领导权牢牢掌握在忠于马克思主义、忠于党、忠于人民的人手中。加强高校党的基层组织建设，创新体制机制，改进工作方式，提高党的基层组织做思想政治工作的能力。要做好在高校教师和学生中发展党员工作，加强学校党员教育管理监督。

高校党委要把党的全面领导贯穿办学治校、教书育人的全过程。要坚持问题导向，狠抓落实。在党建工作上，高校党委要把抓好学校党建工作作为治校的基本功，把党的教育方针全面贯彻到学校工作各方面。在思想政治工作上，高校党委必须紧紧抓住思想政治工作这条生命线。要遵循思想政治工作规律，遵循教书育人规律，遵循学生成长规律，不断提高工作能力和水平。在干部队伍建设上，要建设一支专兼结合的高素质党务工作和大学生思想政治工作干部队伍，切实加强高校党的建设，加强学生思想政治工作，为培养德智体美劳全面发展的社会主义建设者和接班人，加快推进教育现代化，建设教育强国，办好人民满意的教育做贡献。

（2）坚持党对教育事业的全面领导的价值定位。

党的十八大以来，在以习近平同志为核心的党中央的领导下，我国教育事业进行了一系列的改革和建设，取得了巨大成就。历史与实践证明，只有坚持党对教育事业的全面领导，坚持社会主义办学方向，坚定中国特色社会主义教育发展之路，才能实现教育强国之梦、民族复兴之梦。

第一，坚持党对教育事业的全面领导，是教育强国的根本基石。

教育兴则国家兴，教育强则国家强。当前国际竞争加剧，我国处在全面建成小康社会的决胜阶段、中国特色社会主义进入新时代的关键时期，党和国家对高等教育的需要比以往任何时候都更加迫切，对科学知识和卓越人才的渴求比以往任何时候都更加强烈。党的十九大报告指出，建设教育强国是中华民族伟大复兴的基础工程，必须优先发展教育事业。2013年习近平主席在联合国"教育第一"全球倡议行动一周年纪念活动中指出，百年大计，教育为本，中国政府和人民坚决支持"教育第一"的理念。党中央做出的加快建设世界一流大学和一流学科的战略决策，就是要提高我国高等教育发展水平，增强国家核心竞争力。建设教育强国必须加强党的全面领导。习近平总书记指出，"办好我国高等教育，必须坚持党的领导"。这一点任何时候都不能有丝毫动摇。

第二，坚持党对教育事业的全面领导，是实现中华民族伟大复兴中国梦的重要保障。

习近平总书记指出，"教育是民族振兴、社会进步的重要基石，是功在当代、利在千秋的德政工程"。可以说，教育对提高人民综合素质、促进人的全面发展、增强中华民族创新创造活力、实现中华民族伟大复兴具有决定性意义。加强党对教育事业的全面领导，建设教育强国，实现教育现代化是实现中华民族伟大复兴中国梦、"两个一百年"奋斗目标的重要保证。党的十九大报告指出，"青年兴则国家兴，青年强则国家强"。"中华民族伟大复兴的中国梦终将在一代代青年的接力奋斗中变为现实。全党要关心和爱护青年，为他们实现人生出彩搭建舞台。"

第三，坚持党对教育事业的全面领导，是实现人的全面发展的关键要素。

习近平总书记把教育视作提高人民综合素质、促进人的全面发展的重要途径。党的十九大报告指出，"党的一切工作必须以最广大人民根本利益为最高标准"。人民对美好生活的向往，就是我们党的奋斗目标。只有加强党对教育事业的全面领导，坚持以人民为中心的思想，坚持人民主体地位，才能不断提高人民综合素质，促进人的全面发展。

第四，坚持党对教育事业的全面领导，是教育改革发展的重要保证。

教育的改革发展是中国特色社会主义改革发展的有机组成部分。以习近平同志为核心的党中央，全面深化教育领域综合改革。《关于深化教育体制机制改革的意见》进一步明确了深化教育体制机制改革的目标、要求和任务。《关于全面深化新时代教师队伍建设改革的意见》《关于充分发挥高等学校科技创新作用的若干意见》等文件对教师队伍建设改革、高等教育创新发展提出了具体举措。党的十八大以来的实践证明，只有坚持党对教育事业的全面领导，才能保证教育改革的正确方向和教育改革发展的顺利进行。

（3）坚持党对高校的全面领导的实施路径。

高等教育是我国教育事业的重要组成部分。高等教育发展水平是衡量一个国家发展水平和发展潜力的重要标志。实现中华民族伟大复兴，教育的地位和作用不可忽视，高等教育的地位和作用也不可忽视。我们的高校是党领导的高校，是中国特色社会主义的高校，必须坚持以马克思主义为指导，必须加强党的全面领导，全面贯彻党的教育方针。

第一，把党的政治建设摆在首位，牢牢把握意识形态工作领导权。

党委要抓好政治领导和思想领导。保证高校正确办学方向，保证党的领导在高校工作中全面发挥作用。以党的政治建设为统领，以坚定理想信念宗旨为根基，以调动积极性、主动性、创造性为着力点，全面推进党的各项建设。要掌握高校思想政治工作主导权，巩固马克思主义在高校意识形态的主导地位，用科学理论培养人，用正确思想引导人，保证高校始终成为培养社会主义建设者和接班人的坚强阵地。要用党的创新理论武装头脑，把深入学习宣传习近平新时代中国特色社会主义思想作为重大政治任务，深刻理解其科学内涵和精髓要义，深刻感悟马克思主义真理力量。高校思想政治工作是党领导高校工作的具体体现，要切实加强领导指导，定期分析情况，研究解决问题，狠抓工作落实。坚持不懈培育社会主义核心价值观，弘扬中华优秀传统文化，使德育内化于心，外化于行。

第二，加强高校党的组织建设，提升基层党组织工作水平。

高校党委对学校工作实行全面领导，承担管党治党、办学治校主体责任，把方向、管大局、做决策、保落实。坚决贯彻落实党委领导下的校长负责制。处理好党委领导、校长负责的关系，认真贯彻民主集中制，健全党委"三重一大"议事决策制度和运行机制。党委要认真履职尽责、积极担当作为。党委书记主持党委全面工作，对党委工作负主要责任。校长在党委领导下，认真组织实施党委有关决议。确保党政分工合作、相互配合。加强高校干部队伍建设。按照忠诚干净担当的要求高标准、高质量地选配领导干部和领导班子。加强基层党组织建设，严格对党员的教育管理监督。做好师生党员队伍发展工作，认真考察入党动机，严格审核程序，把优秀分子吸收到党组织中来。

第三，加强思政队伍和教师队伍建设，构建高等教育战线的中坚力量。

高校教师要成为党执政的坚定支持者、先进思想文化的传播者、学生健康成长的指路者。要加强思想政治工作队伍建设，保障队伍稳定性和持续性。要加强高校教师队伍建设，坚持立德树人。建设社会主义现代化强国，需要一大批政治素质过硬、业务能力精湛、育人水平高超的高素质教师队伍。用"四有好老师"标准，引导广大教师做"四个引路人"，按照"四个相统一"的要求，引导教师以德立身、以德立学、以德施教、以德育德。

第四，思想政治工作贯穿育人全过程，思政课程与课程思政同向同行。

习近平总书记指出，"高校思想政治工作关系高校培养什么样的人、如何培养人以及为谁培养人这个根本问题。要坚持把立德树人作为中心环节，把思想政治工作贯穿教育教学全过程，实现全程育人、全方位育人"。一是高校党委要牢牢把握思政工作的领导权。保障高校办学的社会主义方向，坚持马克思主义指导，贯彻落实党的教育方针，使高校成为培养社会主义建设者和接班人的坚强阵地。二是高校党委要履行好管党治党、办学治校的主体责任,把思想政治工作和党的建设工作结合起来,把立德树人、规范管理的严格要求和春风化雨、润物无声的灵活方式结合起来,把解决师生的思想问题和教学科研、学习就业等实际问题结合起来。三是要加强课程思政建设。"课程思政"建设是高校全程育人、全员育人、全方位育人的系统工程,充分挖掘各专业蕴含的思想政治教育元素,结合专业特点,有机融入专业建设、人才培养建设等各方面,实现全程育人、全员育人、全方位育人。

第五,持之以恒正风肃纪,增强高校党组织的先进性纯洁性。

加强党的建设,从严管党治党不仅关乎党的前途命运,而且关乎国家和民族的前途命运。要按照新时代党的建设总要求,把高校党组织建设好。党的十八大以来,以习近平同志为核心的党中央抓党的建设就是从抓作风建设入手的,并且取得了巨大的成就。要坚持全面从严治党,加强党员日常教育管理,继续贯彻落实中央"八项规定",为学校营造风清气正的良好政治生态。

三、坚持党对教育事业领导的全面性、系统性、整体性[①]

在全国教育大会上,习近平总书记提出了教育"九个坚持"新理念新思想新观点,其中,"坚持党对教育事业的全面领导"列在首位。中国共产党领导是中国特色社会主义最本质的特征。中国共产党是中国特色社会主义事业的开创者、推动者、引领者。中国共产党领导决定中国特色社会主义教育发展道路、理论、制度、文化的根本性质。坚持党的全面领导,是我们党领导革命、

---

① 本节内容为刘复兴发表在《教育研究》2021年第4期(总第495期)上的《坚持党对教育事业领导的全面性、系统性、整体性》一文。

建设、改革、复兴的不同时期教育事业的根本经验，也是我们坚持走中国特色社会主义教育发展道路的基本规律。"加强党对教育事业的全面领导，是办好教育的根本保证。"①

（一）新时代提出坚持党对教育事业全面领导的新要求

1. 坚持党的全面领导是我们党长期以来的光荣传统与根本经验

坚持中国共产党的全面领导，是党在长期的革命、建设与改革的历史进程中得出的一条根本经验。在建党初期与人民军队建设初期，我们党就确立了"党指挥枪""支部建在连上"的党建原则。在抗日战争时期，我们党就规定"党是无产阶级阶级组织的最高形式，党要领导一切"②。中华人民共和国成立后，毛泽东多次作出批示，指出"工、农、商、学、兵、政、党这七个方面，党是领导一切的"，特别强调"领导我们事业的核心力量是中国共产党"③。党长期的治国理政经验表明，党的领导是夺取革命胜利的关键因素，是建设社会主义新中国的必然选择，是改革开放的根本力量源泉，是实现中华民族伟大复兴中国梦的动力源泉。

改革开放以来，邓小平始终认为在中国实现四个现代化，必须坚持共产党的领导④。1979 年，邓小平提出了"坚持社会主义道路，坚持人民民主专政，坚持共产党的领导，坚持马列主义、毛泽东思想"⑤ 四项基本原则，认为"如果动摇了这四项基本原

---

① 习近平.坚持中国特色社会主义教育发展道路　培养德智体美劳全面发展的社会主义建设者和接班人［N］.人民日报，2018-09-11.
② 中共中央文献研究室.建国以来重要文献选编：第 20 册［M］.北京：中央文献出版社，1998：571.
③ 毛泽东.毛泽东文集：第 6 卷［M］.北京：人民出版社，1999：350.
④ 邓小平.邓小平文选：第 2 卷［M］.2 版.北京：人民出版社，1994：173.
⑤ 邓小平.邓小平文选：第 3 卷［M］.北京：人民出版社，1993：134.

则中的任何一项，那就动摇了整个社会主义事业，整个现代化建设事业"①，同时强调"坚持四项基本原则的核心，就是坚持党的领导"②。邓小平始终高度重视教育事业中坚持和加强党的领导问题，特别从教师队伍的"坚信"与领导者的"坚定"两个层面论述教育系统党的领导的重要意义。1983年，邓小平指出，"思想文化和教育战线上的同志都应当是人类灵魂工程师"③，都应该"坚信社会主义和党的领导"④，这是从教师队伍建设的层面讲坚信社会主义和党的领导。1985年，邓小平又指出，"忽视教育的领导者，是缺乏远见的、不成熟的领导者，就领导不了现代化建设。各级领导要像抓好经济工作那样抓好教育工作"⑤，从领导人层面强调要像抓经济工作那样坚定地领导好教育工作，要把教育工作也作为党的"中心工作"来抓，表明了改革开放新时期党和国家领导教育工作的坚定信念。

在新时代新的历史征程上，习近平总书记反复强调，"改革开放40年的实践启示我们：中国共产党领导是中国特色社会主义最本质的特征，是中国特色社会主义制度的最大优势"⑥，必须要"坚持党对教育事业的全面领导"⑦。

2. 党的十九大与全国教育大会提出坚持党的全面领导新要求

党的十九大报告中极其重要的宣示就是"坚持党对一切工作

---

① 邓小平. 邓小平文选：第2卷 [M]. 2版. 北京：人民出版社，1994：173.
② 同①342.
③ 中共中央文献研究室. 十四大以来重要文献选编：下 [M]. 北京：人民出版社，1999：2052.
④ 中共中央文献研究室. 十四大以来重要文献选编：上 [M]. 北京：人民出版社，1996：708.
⑤ 邓小平. 邓小平文选：第3卷 [M]. 北京：人民出版社，1993：121.
⑥ 习近平. 习近平谈治国理政：第3卷 [M]. 北京：外文出版社，2020：181.
⑦ 习近平. 坚持中国特色社会主义教育发展道路　培养德智体美劳全面发展的社会主义建设者和接班人 [N]. 人民日报，2018-09-11.

的领导"①,"党政军民学,东西南北中,党是领导一切的。必须增强政治意识、大局意识、核心意识、看齐意识,自觉维护党中央权威和集中统一领导"②。在 2018 年 9 月召开的全国教育大会上,习近平总书记提出了教育"九个坚持"新理念新思想新观点,深刻回答了新时代培养什么人、如何培养人和为谁培养人等一系列教育改革创新的根本性问题。教育"九个坚持"是党的十八大以来习近平总书记关于教育工作最集中、最全面、最系统的论述,其中第一条就是"坚持党对教育事业的全面领导","教育是国之大计、党之大计",教育工作必须坚持党的全面领导。"我们的教育必须把培养德智体美劳全面发展的社会主义建设者和接班人作为根本任务,培养一代又一代拥护中国共产党领导和我国社会主义制度、立志为中国特色社会主义事业奋斗终身的有用人才。"③坚持党对教育事业的全面领导,为新时代我国教育改革创新指明了政治方向,提供了根本的政治保障与组织保障。

3. 新时代教育领域党的领导面临新问题新挑战

面对中华民族伟大复兴的战略全局,面对世界百年未有之大变局,面对世界百年未遇之大疫情,国际国内形势深刻变化,意识形态斗争更加激烈,多元社会思潮交融交锋,新产业革命方兴未艾,以互联网为载体的新的教育形态迅速发展。在新的历史征程中,我们党如何更全面、更有效、更有力地领导教育事业,面临着许多新问题、新挑战、新情况与新任务。

如何加强党对教育事业领导的全面性、系统性和整体性,牢

---

①② 习近平. 决胜全面建成小康社会 夺取新时代中国特色社会主义伟大胜利:在中国共产党第十九次全国代表大会上的报告[N]. 人民日报,2017-10-19.
③ 习近平. 坚持中国特色社会主义教育发展道路 培养德智体美劳全面发展的社会主义建设者和接班人[N]. 人民日报,2018-09-11.

牢把握党对新时代教育领域意识形态工作的领导权；如何改革和完善党对教育事业全面领导的体制机制，紧紧依靠教师队伍实现党的全面领导，面向服务立德树人根本任务建设立德树人监测评价机制；如何切实加强党对民办教育的全面领导，认识与应对网络化、新媒体与线上教育带来的教育治理结构、治理范式与治理方式的新变化；等等。这都是"十四五"时期乃至2035年教育实现现代化远景目标所需要面对、研究与解决的新情况、新问题。

（二）党对教育事业全面领导的基本特征

习近平总书记指出："党的领导必须是全面的、系统的、整体的，必须体现到经济建设、政治建设、文化建设、社会建设、生态文明建设和国防军队、祖国统一、外交工作、党的建设等各方面。哪个领域、哪个方面、哪个环节缺失了弱化了，都会削弱党的力量，损害党和国家事业。"[①] 我们的教育领域"必须贯彻党的领导是全面的、系统的、整体的这一本质要求"[②]。

1.马克思主义为坚持党对教育事业全面领导提供了思想方法与工作方法

"坚持党对一切工作的领导是马克思主义政党学说的内在要求。"[③] 马克思主义科学思维与科学方法是坚持党对教育事业全面领导的思维方法。习近平总书记指出，"改革开放是前无古人的崭新事业，必须坚持正确的方法论，在不断实践探索中推进"[④]，并

[①] 习近平.习近平谈治国理政：第3卷[M].北京：外文出版社，2020：166.
[②] 陈希.健全党的全面领导制度[J].求是，2019（22）.
[③] 何锡辉.新时代坚持党领导全面深化改革的逻辑理路[J].中国矿业大学学报（社会科学版），2020（5）.
[④] 习近平.习近平谈治国理政[M].北京：外文出版社，2014：67.

进一步指出"我们党是用马克思主义武装起来的政党"①,"努力把马克思主义哲学作为自己的看家本领"②。"马克思主义哲学深刻揭示了客观世界特别是人类社会发展一般规律,在当今时代依然有着强大生命力,依然是指导我们共产党人前进的强大思想武器。"③ 全党都要"不断接受马克思主义哲学智慧的滋养,自觉坚持和运用辩证唯物主义世界观和方法论"④。

马克思主义的辩证唯物主义与历史唯物主义是我们坚持党对教育事业全面领导的世界观与方法论。坚持党对教育事业的全面领导,必须以辩证唯物主义为指导,坚持世界、社会与教育都是普遍联系的方法论,善于透过纷繁复杂的教育实践中若干现象来把握教育系统党的建设的本质特点和发展规律,不断提高战略思维能力、辩证思维能力和法治思维能力,善于分析和面对教育治理结构、治理范式与治理方式的新变化与新问题,善于分析和解决主要矛盾,善于抓住关键领域和薄弱环节,善于在解决突出问题中实现战略突破;坚持党对教育事业的全面领导,必须以历史唯物主义为指导,始终坚持以人民利益为中心,密切联系人民群众,紧紧依靠广大知识分子与人民教师、切实抓住青年学生实现党对教育事业的全面领导。

2. 在马克思主义思维方法指导下坚持党对教育事业的全面领导

在新时代,坚持党对教育事业的全面领导,务必从新时代我国教育改革创新发展的实际情况出发,密切结合建设社会主义现

---

① 习近平. 习近平谈治国理政:第3卷 [M]. 北京:外文出版社,2020:530.
② 中共中央文献研究室. 习近平关于社会主义文化建设论述摘编 [M]. 北京:中央文献出版社,2017:63.
③ 习近平在中共中央政治局第十一次集体学习时强调推动全党学习和掌握历史唯物主义 [EB/OL]. http://www.xinhuanet.com/politics/2013-12/04/c_118421164.htm. 2013-12-04.
④ 习近平. 在纪念陈云同志诞辰110周年座谈会上的讲话 [M]. 北京:人民出版社,2015:11.

代化强国奋斗目标的具体要求，将马克思主义思维方法作为理论指导。习近平总书记指出："全面深化改革是一项复杂的系统工程，需要加强顶层设计和整体谋划，加强各项改革关联性、系统性、可行性研究。我们要在基本确定各领域改革举措的基础上，深入研究各领域改革关联性和各项改革举措耦合性，深入论证改革举措可行性，把握好全面深化改革的重大关系，使各项改革举措在政策取向上相互配合、在实施过程中相互促进，在实践成效上相得益彰。"[①] 同时，他明确提出大家要"读一些马克思主义哲学基本著作，掌握科学世界观和方法论，不断增强工作的原则性、系统性、预见性、创造性"[②]，要"健全总揽全局、协调各方的党的领导制度体系，把党的领导落实到国家治理各领域各方面各环节"[③]。因此，必须坚持党领导的全面性、系统性与整体性。

全面性、系统性与整体性是理解和坚持党对教育事业全面领导的核心内涵。

一是要把全面性作为坚持党对教育事业领导的基础性要素。首先，党对教育工作的领导必须贯彻全面覆盖的原则。党的领导要覆盖所有的教育领域、教育阶段、教育形式、教育主体、教育组织和教育形态。要覆盖学校教育与校外教育；覆盖公办教育与民办教育；覆盖学前教育、义务教育、高中阶段教育、高等教育、职业与成人教育、终身教育、民族教育与特殊教育；覆盖学校教育与社会教育；覆盖正规教育与非正规教育、线下教育与线上教育、国内教育与留学教育。其次，教育领域的各级各类党委组织

---

① 中共中央召开党外人士座谈会 习近平主持并发表重要讲话[N]. 人民日报，2013-11-14.

② 习近平. 坚持历史唯物主义 不断开辟当代中国马克思主义发展新境界[J]. 求是，2020(2).

③ 习近平. 习近平谈治国理政：第3卷[M]. 北京：外文出版社，2020：125.

要不留死角地负起全面领导责任。中央和县级以上地方党委、各级教育主管部门党委、各级各类学校党组织要全面组织开展和领导好教育工作。切实加强党组织对教育事业的领导、组织和监督。再次，教育领域党的建设各方面内容要全面。教育领域党的建设要"全面推进党的政治建设、思想建设、组织建设、作风建设、纪律建设，把制度建设贯穿其中"[①]。

二是要坚持党对教育事业领导的系统性。首先，要以党的领导结构的整体性、全面性为基础，保障党领导的系统性。党的领导是一个系统工程，只有完整的、全面的，才可能是系统的。其次，党在领导方法论上要坚持系统思维。做到"审大小而图之，酌缓急而布之，连上下而通之，衡内外而施之"[②]，充分考虑各个不同的教育领域、教育阶段、教育形式、教育主体、教育组织和教育形态之间的关联性、耦合性；充分考虑教育领域政治建设、思想建设、组织建设、作风建设、纪律建设、队伍建设各项改革举措之间的关联性、耦合性；充分考虑意识形态教育、教育治理体系、教师队伍与教育管理队伍建设、各级各类人才培养、课程教材与学科体系建设、学校基层党组织建设、民办教育领域党的建设、网络线上教育教学与新媒体的影响等重要事项之间的关联性、耦合性。"努力做到眼前和长远相统筹、全局和局部相配套、渐进和突破相衔接，协调各方利益关系。"[③] 再次，要立足于党的领导全局抓大事。善于抓住教育改革创新发展中的"牛鼻子"问题，善于抓住教育改革创新发展中的关键领域和薄弱环节。以教

---

① 习近平. 习近平谈治国理政：第3卷[M]. 北京：外文出版社，2020：504.
② 习近平. 摆脱贫困·从政杂谈[M]. 福州：福建人民出版社，1990：39.
③ 改革让中国道路越走越宽广：三论协调推进"四个全面"[N]. 人民日报，2015-02-27.

育领域的意识形态教育、教育治理体制机制建设、教师队伍建设等重要领域和关键环节为突破口，以立德树人监测与评价制度建设、教材与学科体系改革、民办教育领域党建工作以及互联网、新媒体与线上教育教学背景下教育治理新变化等薄弱环节为工作重点，"在牵一发而动全身的关键点上集中发力，使各项改革举措在政策取向上相互配合、在实施过程中相互促进、在实际成效上相得益彰。力争形成教育治理体系和治理能力现代化的总体效应，取得总体效果"①。

三是要坚持党对教育事业领导的整体性。首先，要坚定维护党中央权威和集中统一领导。《深化党和国家机构改革方案》指出，为加强党中央对教育工作的集中统一领导，全面贯彻党的教育方针，加强教育领域党的建设，做好学校思想政治工作，落实立德树人根本任务，深化教育改革，加快教育现代化，办好人民满意的教育，组建中央教育工作领导小组，作为党中央决策议事协调机构。中央教育工作领导小组秘书组设在教育部。教育领域必须要坚定维护与全面落实党中央、中央教育工作领导小组的集中统一领导，做到"事在四方，要在中央"②，"众星捧月"，令行禁止。其次，要处理好教育领域与其他政治、经济、文化、生态文明建设领域以及教育领域内部各部分、各要素之间的关系。教育领域党的全面领导要突出实现教育现代化与建设教育强国在实现中华民族伟大复兴任务中的基础地位、基石地位与前瞻性地位，按照"四个全面"战略布局与"五位一体"总体布局要求，全面

---

① 改革让中国道路越走越宽广：三论协调推进"四个全面"[N]. 人民日报，2015-02-27.

② 中共中央政治局常务委员会召开会议 中共中央总书记习近平主持会议[EB/OL]. http://www.xinhuanet.com/politics/leaders/2018-01/15/c_129791428.htm. 2018-01-15.

处理好教育系统内部与教育系统外部、国内教育与国际教育以及教育其他各部分、各要素、各实践环节之间的密切联系；全面处理好学校教育与社会教育、终身教育的关系；全面处理好鼓励本土创新与借鉴外国先进理念的关系。再次，要做好教育领域党的全面领导体制机制建设的整体性设计。党的全面领导的制度建设、法治建设要做好整体性、前瞻性顶层设计。立足于形成党的全面领导全方位、多层次、多维度、立体化、前瞻性制度体系。把立足长远与着眼眼前相结合，全面做好党对教育事业全面领导的立法研究与制度设计工作。

（三）抓住关键领域与薄弱环节，加强党对教育事业的全面领导

坚持党对教育事业的全面领导，要紧紧抓住教育领域的主要矛盾和矛盾的主要方面，紧紧抓住关键领域、薄弱环节，加强党对教育事业的全面领导。

1. 切实抓住坚持党对教育事业全面领导的关键领域

一是牢牢把握党对教育系统意识形态工作的领导权。"教育系统是意识形态工作的前沿阵地。"[①] 抓好教育领域的意识形态工作是坚持党的全面领导工作最迫切、最重要、最突出的核心要义。教育系统应全方位、全员、全力做好与保障意识形态教育工作。坚持马克思主义在教育工作中的指导地位，发挥社会主义核心价值观对于各级各类教育的引领作用，坚定中国特色社会主义教育自信，用好以互联网、物联网、大数据、人工智能为技术基础的

---

① 陈宝生. 切实加强党对教育系统意识形态工作的领导［J］. 紫光阁，2016，(12).

新手段、新方法。以坚持党的全面领导为出发点,切实加强思想政治理论课建设,改革与完善中国特色教材体系与学科体系,全面完成好立德树人根本任务。

二是改革和完善党对教育事业全面领导的体制机制。党的全面领导体制机制是坚持党对教育事业全面领导的根本制度。坚定维护党中央权威,完善党对教育事业全面领导的体制机制,是我们当前教育工作的核心内容。坚持顶层设计与基层探索相结合①,"坚持扎根中国与融通中外相结合"②,特别是要建设好新时代教育创新制度体系和现代化的教育内部治理结构。

三是紧紧依靠教师队伍实现党对教育事业的全面领导。依靠人民群众和广大教师办好教育,是历史唯物主义的人民中心思想与群众路线立场的基本要求,也是中国特色社会主义教育发展的历史经验与基本规律。坚持党对教育事业的全面领导,要充分信任、紧紧依靠广大知识分子,充分信任、紧紧依靠广大教师。要坚持把教师队伍建设作为基础工作来抓。

2. 重点抓好加强党对教育事业全面领导的薄弱环节

一是把立德树人监测与评价机制作为教育领域坚持党的全面领导的关键制度。教育系统要始终把培养担当中华民族复兴大任的时代新人作为坚持党对教育事业的全面领导的根本抓手。真正解决建立与完善立德树人监测与评价机制的难题。中国特色社会主义教育就是要"在培养社会主义建设者和接班人上有作为、有成效"③。建立与完善立德树人监测与评价机制是保障党对教育事

---

① 习近平主持召开中央全面深化改革领导小组第七次会议 [EB/OL]. http://www.gov.cn/xinwen/2014-12/02/content_2785771.htm. 2014-12-02.
② 中共中央办公厅 国务院办公厅印发关于深化教育体制机制改革的意见 [Z]. 新华网, 2017-09-24.
③ 习近平. 在北京大学师生座谈会上的讲话 [N]. 人民日报, 2018-05-03.

业全面领导的一项关键制度。建立与完善立德树人监测与评价机制，就是要面向实现德智体美劳全面培养的要求，把立德树人根本任务通过监测评价工作落到实处；就是要利用过程性评价机制，有效保障教师必备品格与关键能力的培养；就是要通过一系列有组织、有计划、有考核的实践活动，有效保障重视学生主体参与，积极推动青年学生扎根中国大地，实现青年学生与人民群众相结合、青年学生与新时代中国的社会实践相结合、青年学生与"四个伟大"相结合；就是要利用完善的、全面的、系统的评价指标体系，切实抓好对留学生教育的全面领导，处理好国内教育与国际教育的关系。

二是高度重视并切实加强党对民办教育领域的全面领导。"改革开放以来，民办教育不断发展，已经成为社会主义教育事业的重要组成部分"[①]；民办教育是改革开放的重要成果，与公办教育一起承担着培养德智体美劳全面发展的社会主义建设者和接班人的重任。改革开放以来，我国民办教育领域的党建工作明显滞后；与公办教育相比，民办教育党的建设工作面临体制机制困境、既有治理结构困境、发展目标困境与发展模式困境等。建立健全党对民办教育全面领导的体制机制是加强党对民办教育的全面领导的首要任务。妥善处理民办教育独特的所有制、产权关系，逐步打破既有治理结构所带来的体制机制困境，把坚持社会主义办学方向作为打破民办教育发展目标困境的一把钥匙。要不断探索新时代加强党对民办教育全面领导的新途径，支持并帮助民办教育改革创新，逐步破除民办教育发展模式困境。

三是高度重视、认真研究并切实解决互联网、大数据环境下

---

① 国务院关于鼓励社会力量兴办教育促进民办教育健康发展的若干意见［Z］. 中国政府网，2017-01-19.

坚持党对教育事业全面领导的新问题与新挑战。在第四次工业革命的背景下，在后疫情时代，线上教育教学与线下教育教学相结合已经成为教育领域的新常态。新工业革命带来的科技进步与快速发展深刻推动着社会结构与教育形态的变革，教育治理结构、组织主体交往方式与教育治理方式等正在发生根本性的变化。基于线上线下相结合的教育形态，教育呈现出分散化、个体化、交互性、中介依赖性等特征，成为教育领域党的全面领导所面临的新挑战。这都需要我们从教育治理结构、教育组织主体交往方式等视角出发，研究与建构坚持党对教育事业全面领导的新型主体关系理论、新型人才培养制度体系、新型教材与学科体系、新型立德树人监测与评价机制。

参考文献

著作类

马克思,恩格斯.马克思恩格斯全集:第46卷:下册[M].北京:人民出版社,1980.

马克思,恩格斯.马克思恩格斯选集:第1卷[M].2版.北京:人民出版社,1995.

马克思,恩格斯.马克思恩格斯选集:第2卷[M].3版.北京:人民出版社,2012.

马克思,恩格斯.马克思恩格斯全集:第33卷[M].2版.北京:人民出版社,2004.

列宁.列宁全集:第36卷[M].2版.北京:人民出版社,1985.

人民出版社部.马列著作选读:政治经济学[M].北京:人民出版社,1988.

毛泽东.毛泽东选集:第3卷[M].2版.北京:人民出版社,1991.

毛泽东邓小平江泽民论教育[M].北京:中央文献出版社,2002.

中共中央文献研究室.毛泽东著作专题摘编:上[M].北

京：中央文献出版社，2003．

毛泽东．毛泽东选集：第2卷［M］．2版．北京：人民出版社，1991．

邓小平．邓小平文选：第3卷［M］．北京：人民出版社，1993．

邓小平．邓小平文选：第2卷［M］．2版．北京：人民出版社，1994．

江泽民．江泽民文选：第1卷［M］．北京：人民出版社，2006．

江泽民．江泽民文选：第2卷［M］．北京：人民出版社，2006．

江泽民．江泽民文选：第3卷［M］．北京：人民出版社，2006．

胡锦涛．在庆祝中华人民共和国成立60周年大会上的讲话［M］．北京：人民出版社，2009．

胡锦涛．坚定不移沿着中国特色社会主义道路前进　为全面建成小康社会而奋斗：在中国共产党第十八次全国代表大会上的报告［M］．北京：人民出版社，2012．

习近平．决胜全面建成小康社会　夺取新时代中国特色社会主义伟大胜利：在中国共产党第十九次全国代表大会上的报告［M］．北京：人民出版社，2017．

中共中央文献研究室．习近平关于社会主义社会建设论述摘编［M］．北京：中央文献出版社，2017．

习近平．做党和人民满意的好老师：同北京师范大学师生代表座谈时的讲话［M］．北京：人民出版社，2014．

习近平．习近平谈治国理政［M］．北京：外文出版社，2014．

习近平．为建设世界科技强国而奋斗：在全国科技创新大会、两院院士大会、中国科协第九次全国代表大会上的讲话［M］．北京：人民出版社，2016．

中共中央文献研究室．习近平关于科技创新论述摘编［M］．北京：中央文献出版社，2016．

习近平．在中国科学院第十九次院士大会、中国工程院第十四次院士大会上的讲话［M］．北京：人民出版社，2018．

习近平．习近平谈治国理政：第2卷［M］．北京：外文出版社，2017．

习近平．在纪念五四运动100周年大会上的讲话［M］．北京：人民出版社，2019．

中共中央文献研究室．习近平关于全面建成小康社会论述摘编［M］．北京：中央文献出版社，2016．

习近平．在纪念马克思诞辰200周年大会上的讲话［M］．北京：人民出版社，2018．

习近平．在哲学社会科学工作座谈会上的讲话［M］．北京：人民出版社，2016．

党的十九大报告学习辅导百问［M］．北京：党建读物出版社，2017．

冯刚，张剑．科学发展观教育理论研究［M］．北京：教育科学出版社，2011．

顾明远．教育大辞典［M］．上海：上海教育出版社，1998．

《教育规划纲要》工作小组办公室．全国教育工作会议文件汇编［G］．北京：教育科学出版社，2010．

马丁．生存之路：计算机技术引发的全新经营革命［M］．北京：清华大学出版社，1998．

庞丽娟．中国教育改革 30 年：学前教育卷［M］．北京：北京师范大学出版社，2008．

十八大以来治国理政新成就：上册［M］．北京：人民出版社，2017．

孙宵兵．推进教育优先发展政策与制度建设研究［M］．北京：教育科学出版社，2010．

童世骏．建设社会主义教育强国研究［M］．北京：人民出版社，2019．

王炳照．中国教育改革 30 年：基础教育卷［M］．北京：北京师范大学出版社，2008．

王向峰．文艺美学辞典［M］．沈阳：辽宁大学出版社，1987．

虞云耀．"三个代表"重要思想概论［M］．北京：中共中央党校出版社，2006．

中共中央文献研究室．十八大以来重要文献选编：上［M］．北京：中央文献出版社，2014．

中共中央文献研究室．十六大以来重要文献选编：下［M］．北京：中央文献出版社，2008．

中国学前教育研究会．中华人民共和国幼儿教育重要文献汇编［G］．北京：北京师范大学出版社，1999．

文章类

邓小平．会见香港知名人士包玉刚、王宽诚、霍英东、李兆基等时的谈话［N］．人民日报，1986－04－20．

胡锦涛．在全国教育工作会议上的讲话［N］．人民日报，

2010-09-09.

习近平．在中法建交五十周年纪念大会上的讲话［N］．人民日报，2014-03-29.

习近平．谋求持久发展　共筑亚太梦想：在亚太经合组织工商领导人峰会开幕式的演讲［N］．人民日报，2014-11-10.

习近平．在党的十八届五中全会第二次全体会议上的讲话（节选）［J］．求是，2016.

习近平．加快实施创新驱动发展战略　加快推动经济发展方式转变［N］．人民日报，2014-08-19.

习近平．在中国科学院第十七次院士大会、中国工程院第十二次院士大会上的讲话［N］．人民日报，2014-06-10.

习近平．携手消除贫困　促进共同发展：在2015减贫与发展高层论坛的主旨演讲［N］．人民日报，2015-10-17.

习近平．在庆祝改革开放40周年大会上的讲话［N］．人民日报，2018-12-19.

习近平．在知识分子、劳动模范、青年代表座谈上的讲话［N］．人民日报，2016-04-30.

习近平．在联合国教科文组织总部的演讲［N］．人民日报，2014-03-28.

习近平．中国发展新起点　全球增长新蓝图：在二十国集团工商峰会开幕式上的主旨演讲［N］．人民日报，2016-09-04.

习近平．在庆祝"五一"国际劳动节暨表彰全国劳动模范和先进工作者大会上的讲话［M］．北京：人民出版社，2015.

习近平．思政课是落实立德树人根本任务的关键课程［J］．求是，2020.

习近平出席2014年国际工程科技大会并发表主旨演讲［N］．

人民日报，2014-06-04.

习近平会见哈佛大学校长福斯特［N］.人民日报，2015-03-17.

习近平会见清华大学经济管理学院顾问委员会海外委员和中方企业家委员［N］.人民日报，2017-10-31.

习近平就加快发展职业教育作出重要指示［N］.人民日报，2014-06-24.

习近平向国际人工智能与教育大会致贺信［N］.人民日报，2019-05-17.

习近平携手建设更加美好的世界：在中国共产党与世界政党高层对话会上的主旨讲话［N］.人民日报，2017-12-02.

习近平在北京师范大学考察时号召全国广大教师做党和人民满意的好老师［N］.人民日报，2014-09-10.

习近平在全国教育大会上强调　坚持中国特色社会主义教育发展道路　培养德智体美劳全面发展的社会主义建设者和接班人［N］.人民日报，2018-09-11.

习近平主持召开中央全面深化改革领导小组第二十四次会议坚定改革信心注重精准施策提高改革效应放大制度优势［N］.人民日报，2016-05-21.

习近平主持召开中央全面深化改革委员会第十四次会议强调：依靠改革应对变局开拓新局　扭住关键鼓励探索突出实效［EB/OL］.中国政府网，2020-06-30.

陈宝生.深入学习贯彻习近平总书记关于教育的重要论述［J］.旗帜，2020.

陈宝生.中国教育：波澜壮阔四十年［N］.人民日报，2018-12-17.

陈亚峰．论时代新人的理论意蕴与实践指向［J］．学校党建与思想教育，2019（12）．

陈子季．用系统思维下好"职业教育一盘大棋"［N］．中国教育报，2020-12-03．

程斯辉，李汉学．以五大发展理念引领教育事业新发展［J］．教育研究，2017，38（6）．

褚宏启．创新能力是核心素养的核心［J］．教学管理与教育研究，2017，2（20）．

褚宏启．教育现代化的本质与评价：我们需要什么样的教育现代化［J］．教育研究，2013（11）．

范文曜，王建．优先发展 奠基未来：改革开放30年的中国教育［J］．教育研究，2008（8）．

方晓东．消除教育的体制性障碍促进教育科学发展：完善中国特色社会主义现代教育体系的探索［J］．人民教育，2012．

构建服务全民终身学习的教育体系［N］．光明日报，2019-11-25．

韩庆祥，张艳涛．论"四个伟大"［J］．中国特色社会主义研究，2017（4）．

韩震．新中国成立60年中国特色教育科学的探索与发展［J］．中国道路：理论与实践，2009．

姜淑兰．世界视域中的中国特色社会主义道路研究与模式比较［D］．长春：东北师范大学，2010．

李卫红．坚持以人为本，加快教育发展［N］．中国教育报，2006-01-17．

李文长．中国特色社会主义教育理论的基本范畴［J］．教育研究，2008（8）．

李玉非，方晓东．探索中国特色教育发展道路的伟大实践［N］．中国教育报，2011-06-29．

林崇德．创造性人才特征与教育模式再构［J］．中国教育学刊，2010（6）．

刘复兴．试论新时代我国基础教育的结构性变革［J］．教育研究，2018（10）．

刘复兴，王慧娟．习近平关于教育改革创新的思想［J］．兰州学刊，2018（1）．

刘建军．论马克思主义的创新精神［J］．华南师范大学学报（社会科学版），2018（3）．

人民日报评论部．以奋斗精神铸就青春底色［N］．人民日报，2018-09-21．

王义高．当代宏观教育思潮之考察［J］．北京师范大学学报（社会科学版），1996（2）．

我国首份《中国义务教育质量监测报告》发布［EB/OL］．中华人民共和国教育部网，2018-07-24．

杨东平．对我国教育公平问题的认识和思考［J］．教育发展研究，2000（8）．

杨娜，王慧婷．百年未有之大变局下的全球治理及中国参与［J］．东北亚论坛，2020，29（6）．

用新时代中国特色社会主义思想　加快建设教育强国：访十九大代表，教育部党组书记、部长陈宝生［J］．中国农村教育，2017（11）．

于永军．以坚定的理想信念坚守初心［N］．解放军报，2019-06-06．

袁贵仁．坚定不移走中国特色社会主义教育发展道路［J］．

求是，2012（12）.

袁贵仁. 推进教育事业改革发展的强大思想武器：学习习近平总书记关于教育工作的重要论述［J］. 求是，2014（8）.

袁贵仁. 学习贯彻习近平总书记重要讲话，努力为全体人民提供更好的教育［N］. 人民日报，2014-01-20.

袁贵仁. 沿着中国特色社会主义教育发展道路奋勇前进［J］. 高校理论战线，2011（9）.

造就一支素质优良的乡村教师队伍［N］. 人民日报，2015-06-09.

张乐天. 论科学发展观与教育政策的创新［J］. 南京师大学报（社会科学版），2005（3）.

张力. 步入高质量发展阶段的基础教育新格局［N］. 中国教育报，2020-11-26.

张烁. 立德树人是根本［N］. 人民日报，2012-11-30.

张天雪. 区域教育均衡发展：立场与路线［J］. 教育发展研究，2013（11）.

郑永安，孔令华. 塑造新人：新时代教育的重大使命［J］. 中国高等教育，2018（22）.

郑云天. 中国特色社会主义理论体系实践性的三重维度［J］. 上海党史与党建，2010（2）.

智学，王金霞. 科学的教育政策：教育践行科学发展观的支柱［J］. 教育研究，2004（9）.

周洪宇. 建设高质量教育体系，迈向教育发展新征程［EB/OL］. 中国教育新闻网，2020-11-12.

杨忠. 教育公平与当前我国教育改革问题研究：以《教育规划纲要》为例［D］. 石家庄：河北师范大学，2011.

后 记

《坚持把服务中华民族伟大复兴作为教育的重要使命》是"新时代马克思主义教育理论创新与发展研究丛书"中的一本。该丛书由中国人民大学党委书记靳诺教授担任总主编，并得到2019年度国家出版基金项目的资助；本书由中国人民大学教育学院院长刘复兴教授主编，并得到中国人民大学习近平新时代中国特色社会主义思想研究院、2019年度北京市社科基金重大项目（北京市习近平新时代中国特色社会主义思想研究中心重大项目；课题编号：19LLZD03）课题组的支持。

本书紧紧围绕教育"九个坚持"中的第八个坚持，即"坚持把服务中华民族伟大复兴作为教育的重要使命"的主题，对教育在实现"两个一百年"奋斗目标和中华民族伟大复兴中国梦、统筹推进"五位一体"总体布局和协调推进"四个全面"战略布局中的重要作用进行了系统阐释，研究和探讨了在新时代如何为党育人、为国育才，提升我国人力资源素质，推动教育高质量发展，建设教育强国等重大理论与实践问题。

本书的研究与撰写在丛书编委会与本书主编的统一领导下进行。书稿各部分由不同的作者分别撰写：

前言由刘复兴（教授、博士生导师；中国人民大学新时代中国特色社会主义教育研究中心主任，中国人民大学教育学院院长、学术委员会主任）和曹宇新（中国人民大学教育学院博士生）负责撰写。

"新时代中国特色社会主义教育的新使命"，由刘复兴、李芳（教育部民族教育发展中心副研究员）、曹宇新、朱月华（华东师范大学教育学部师资博士后）等负责撰写。

"教育是国之大计、党之大计"，由刘复兴、任青（教育部高等学校社会科学发展研究中心研究员）、朱月华等负责撰写。

"实现中华民族伟大复兴的中国梦，归根结底靠人才、靠教育"，由刘复兴、李芳、朱月华等负责撰写。

"教育要培养担当民族复兴大任的时代新人"，由张晓京（中国人民大学教育学院分党委书记、研究员）、张剑（中国教育电视台原党委书记、研究员）、曹宇新负责撰写。

"建设高质量教育体系"，由刘复兴、曹宇新负责撰写。

"实现教育现代化，建设教育强国"，由刘复兴、王庭大（中央纪委驻中国科学院纪检组原组长、中国科学院大学马克思主义学院院长）、檀慧玲（北京师范大学中国基础教育质量监测协同创新中心讲师、教育学博士后）、管华（西北政法大学法学院教授）、张旭（北京师范大学博士生）、刘丹（北京师范大学硕士生）等负责撰写。

后记由刘复兴负责撰写。

刘复兴最后对全书进行了统稿与定稿。在课题研究和本书撰写的过程中，得到北京市习近平新时代中国特色社会主义思想研究中心、中国人民大学习近平新时代中国特色社会主义思想研究中心、中国人民大学教育学院、中国教育报刊社《中国高等教育》杂志、中国人民大学出版社等的大力支持，得到了课题组成员和各位作者所在单位的大力帮助，得到了许多同行专家学者的关注和支持，中国人民大学教育学院师资博士后袁玉芝助理研究员为本书做了大量工作，在此一并表示衷心感谢！

刘复兴
2021年5月于国学馆

图书在版编目（CIP）数据

坚持把服务中华民族伟大复兴作为教育的重要使命/刘复兴主编．－－北京：中国人民大学出版社，2021.10
（新时代马克思主义教育理论创新与发展研究丛书/靳诺总主编）
ISBN 978-7-300-29959-4

Ⅰ.①坚… Ⅱ.①刘… Ⅲ.①教育研究-中国 Ⅳ.①G40-03

中国版本图书馆CIP数据核字（2021）第206437号

国家出版基金项目
新时代马克思主义教育理论创新与发展研究丛书
总主编　靳　诺
执行主编　翟　博　张　剑
坚持把服务中华民族伟大复兴作为教育的重要使命
刘复兴　主编
Jianchi ba Fuwu Zhonghua Minzu Weida Fuxing
Zuowei Jiaoyu de Zhongyao Shiming

出版发行	中国人民大学出版社			
社　　址	北京中关村大街31号		邮政编码	100080
电　　话	010-62511242（总编室）		010-62511770（质管部）	
	010-82501766（邮购部）		010-62514148（门市部）	
	010-62515195（发行公司）		010-62515275（盗版举报）	
网　　址	http://www.crup.com.cn			
经　　销	新华书店			
印　　刷	涿州市星河印刷有限公司			
规　　格	170 mm×240 mm　16开本		版　　次	2021年10月第1版
印　　张	14.75 插页2		印　　次	2021年10月第1次印刷
字　　数	161 000		定　　价	68.00元

版权所有　侵权必究　　印装差错　负责调换